基礎からわかる
選挙制度改革

読売新聞政治部 編著

信山社

はじめに

　本書は，選挙制度改革の概説書として読売新聞の現役の政治部記者が書き下ろしたものです。
　なぜ，いま選挙制度改革なのか。理由は大きく二つあります。
　一つ目は，今年（2014年）は衆院選に小選挙区比例代表並立制を導入することを柱とした政治改革関連法が成立してから，ちょうど20年という節目の年であることです。
　並立制以前は，一つの選挙区で2人から6人の当選者がいる中選挙区制でした。衆院で過半数を確保しようとするなら，政党は一つの選挙区に複数の候補者を擁立する必要があり，そのために政党間の政策論争よりも地域への利益誘導を競う選挙戦になりがちで，結果として選挙にカネがかかるようになり，「政治とカネ」のスキャンダルを招く原因となる……。そんな理由から選挙制度を改めようという議論が沸き起こったのでした。
　政治改革論議の末に採用された並立制は，小選挙区制をベースにした選挙制度です。一つの選挙区で1人しか当選しない小選挙区制なら，各政党とも事前の調整で候補者を1人に絞ることになり，選挙は違う政党同士の争いになる。したがって政策中心の選挙に生まれ変わることが期待できるし，小選挙区制には有権者の「民意」を議席に集約する特徴があるので，政権交代が起きやすくなる……。これが並立制を選んだ理由でした。
　並立制による衆院選は1996年が最初で，そこから数えて5度目の2009年衆院選で自民党から民主党に政権が交代し，6度目の2012年衆院選で再び自民党が政権に返り咲きました。政権交代が起こりやすくなったのは間違いありません。
　けれども，小選挙区制のマイナス面も目立ってきました。小選

はじめに

挙区制は世論の風向きによって当落が左右される傾向が強く、そのため議席の振幅が激しく、連続当選できる議員がとても少なくなってしまったのです。政策中心の選挙に生まれ変わるだろうという当初のもくろみもはずれ、政党や候補者が掲げる政策や主張が世論受けするもの、つまりポピュリズム（大衆迎合）的な傾向を帯びるようになりました。09年に政権を手に入れた民主党が、わずか3年で再び野党に転落してしまったのも、財源の裏付けもないまま「子ども手当」「農家への戸別所得補償」「最低保障年金」といったバラマキ公約を掲げ、政権に就いたとたん見直しを迫られ、有権者の失望を買ったからでした。

制度の導入から20年。過去6度の経験を踏まえて、当初の理想とどこがずれているのか、ずれた理由はなぜか、見直すとしたらどこを直したらよいのか……といった議論を開始するには、ちょうどよいタイミングでしょう。

改革論議に着手すべきだと考える理由の二つ目は、「1票の格差」の是正を求めて選挙制度改革を促す司法の圧力がかつてなく高まっていることです。

広島高裁岡山支部は2013年3月、最大格差が2・43倍の09年衆院選を「違憲」とし、格差が1・41倍の岡山2区を「選挙無効」とする判決をくだしました。読売新聞は社説で次のような疑問を呈しました。

「裁判所はこれまで『事情判決』の法理を適用し、選挙そのものは有効としてきた。無効とした場合の混乱を考慮してのことだ。（中略）『政治的混乱より投票価値の平等』を重視したというが、あまりに乱暴過ぎる」

この裁判を起こした「一人一票実現国民会議」は、全国1単位の比例代表選への改革を求めています。確かにこれなら「1票の格差」は完全に解消します。しかし、比例選の場合、一つの政党

はじめに

で単独過半数を獲得することは不可能になり，基本政策の異なる政党をかき集めてもなお，連立政権を構成できないという状態に陥る可能性がきわめて高くなります。「一人一票」の理想を追い求めるあまり，政治の停滞を招いてしまっては元も子もありません。

13年11月の最高裁判決は，選挙制度に対する行政の裁量権を認め，「事情判決」の法理を適用しました。けれども，2・43倍の格差については「違憲状態」で，決して「合憲」としたわけではありません。国会が行った定数の微修正についても「格差が生じる構造的な問題は解決していない」と釘を刺しています。選挙制度を見直すよう求める司法の圧力は，強まることはあっても弱まることはないでしょう。

日本の政治にとって選挙制度改革が待ったなしの重要課題であることが，これでおわかりいただけたでしょうか。

本書は，選挙制度に関するこれまでの経緯や諸外国のしくみについてもふんだんにデータを盛り込んであります。選挙制度について考察を深めるうえで格好の材料を提供していると自負しています。

取材・執筆は，政治部の遠藤剛，東武雄，大田健吾，西山幸太郎，藤原健作，八角一紀，高田育昌，小野健太郎があたり，社会部司法担当の森下義臣，国際部付編集委員の三好範英，国際部の末次哲也，工藤武人，青木佐知子にも協力を仰ぎました。

本書があるべき選挙制度像を考える一助になることを切に願っています。

2014年4月

読売新聞東京本社編集局次長兼政治部長

永 原 　 伸

目　　次

はじめに

第1章　背中押す「1票の格差」判決 … 3

1　停滞する与野党協議 … 4
- 動かぬ国会 … 4
- 「1票の格差」訴訟 … 8
- 「合憲」から「違憲」へ … 9
- 「1人別枠」廃止求める … 11
- 始まった与野党協議 … 13
- すれ違う思惑 … 15
- 区割り審も動けず … 17
- 突然の解散表明 … 19

2　無効判決の衝撃 … 22
- 攻守交代 … 22
- 戦後初の違憲・無効判決 … 24
- 民主党の路線転換 … 26
- 「0増5減」実施へ … 28
- 首相，第三者機関設置を提案 … 29

3　迫る参院最高裁判決 … 32
- 自公民3党協議 … 32
- 新たな合意文書 … 33
- 衆院より大きな格差が容認されてきた参院選 … 34

第2章　13年最高裁判決はこう読む … 39

1　「1票の格差」判決の仕組み … 40

目　　次

　　　　■　「違憲」と「違憲状態」……………………… 40
　　　　■　違憲はどうやって判断されるか……………… 42
　　2　四つの論点……………………………………………… 44
　　　　■　1票の格差はどこまで許されるのか………… 44
　　　　■　国会の裁量権はどこまで認められるのか…… 46
　　　　■　国会は努力したのか…………………………… 49
　　　　■　1人別枠方式…………………………………… 51
　　3　改革の今後……………………………………………… 54
　　　　■　制度改革なお求める…………………………… 54
　　　　■　「将来効」言及の意見も……………………… 56

第3章　現行制度の功罪……………………………………… 59

　　1　並立制の特徴…………………………………………… 60
　　　　■　小選挙区が6割強……………………………… 60
　　　　■　振幅大きい「振り子現象」…………………… 61
　　　　■　大衆迎合の愚…………………………………… 67
　　　　■　マニフェスト破綻……………………………… 69
　　2　「ねじれ」国会と決められぬ政治…………………… 71
　　　　■　「強すぎる参院」の悲劇……………………… 71
　　　　■　ねじれ国会の歴史……………………………… 73
　　　　■　「ブーメラン」現象…………………………… 76
　　　　■　問責決議の重み………………………………… 79
　　3　強まる政治不信………………………………………… 81
　　　　■　投票率の低下…………………………………… 81
　　　　■　ネット選挙解禁も効果薄く…………………… 84

第4章　改革が難しい参院選……………………………… 87

　　1　参院改革のハードル…………………………………… 88

目　次

　　　■　半数改選，公選，衆参の権限……………………… *88*
　　　■　一院制と二院制………………………………………… *89*
　2　参院の発足………………………………………………………… *93*
　　　■　貴族院から参議院へ…………………………………… *93*
　　　■　参院の存在意義………………………………………… *95*
　　　■　一院制を構想したGHQ……………………………… *96*
　　　■　全国区と地方区………………………………………… *98*
　　　■　緑　風　会……………………………………………… *100*
　3　存在意義の模索…………………………………………………… *101*
　　　■　参院改革………………………………………………… *101*
　　　■　憲法改正も視野に……………………………………… *103*
　　　■　西岡私案………………………………………………… *105*
　　　■　再び先送り……………………………………………… *107*
　　　■　期限迫る参院の選挙制度改革………………………… *108*

第5章　制度改革に必要な五つの視点 ……………………… *109*

　1　定数削減と改革論議は別………………………………………… *110*
　　　■　「格差是正」から「定数削減」……………………… *110*
　　　■　民主，党利優先の削減論……………………………… *114*
　　　■　議員定数削減がもたらすものは……………………… *116*
　　　■　人口比の国会議員数は少ない………………………… *118*
　2　「人口比例」だけが物差しか…………………………………… *119*
　　　■　犠牲になる地方の声…………………………………… *121*
　　　■　人口減で「定数1」の県も…………………………… *122*
　3　「完全比例」なら政治停滞……………………………………… *124*
　　　■　海外，国政混乱相次ぐ………………………………… *126*
　　　■　再選挙も………………………………………………… *128*
　4　二院制活性化へ憲法論議………………………………………… *129*

ix

目　次

- ■　米，伊は上下院同日選　上院任命制も …………… *131*
- 5　第三者機関が改革主導 ……………………………… *134*

第6章　日本の選挙制度 …………………………… *137*

- 1　衆院の選挙制度の仕組みと変遷 ………………………… *138*
  - ■　小選挙区比例代表並立制とは …………………… *138*
  - ■　重複立候補 ………………………………………… *140*
  - ■　衆院議員を辞めて衆院議員を目指す？ ………… *141*
  - ■　区割りの見直し …………………………………… *142*
  - ■　最高裁判決で作業を中断 ………………………… *144*
  - ■　戦後の選挙制度改革 ……………………………… *146*
  - ■　連記制のもたらしたもの ………………………… *150*
  - ■　挫折繰り返す選挙制度審議会 …………………… *153*
  - ■　小選挙区制の模索 ………………………………… *155*
  - ■　田中内閣の再挑戦 ………………………………… *157*
  - ■　「政治改革」の機運 ……………………………… *158*
  - ■　8次審の発足 ……………………………………… *160*
  - ■　世論の後押し ……………………………………… *161*
  - ■　政治改革関連法案の廃案 ………………………… *162*
  - ■　細川内閣の誕生 …………………………………… *165*
  - ■　参院の否決と深夜の合意 ………………………… *168*
- 2　参院の選挙制度の仕組みと変遷 ………………………… *170*
  - ■　現行制度の仕組み ………………………………… *170*
  - ■　無所属議員が最多 ………………………………… *172*
  - ■　「銭酷区」「残酷区」……………………………… *173*
  - ■　比例選の導入 ……………………………………… *175*
  - ■　ミニ政党ブーム …………………………………… *178*
  - ■　非拘束名簿式の導入 ……………………………… *180*

- 進まぬ改革……………………………………………… *184*

第7章 各国の選挙制度……………………………………… *185*

1 多数代表制と比例代表制……………………………… *186*
- 各国の選挙制度………………………………………… *186*
- 比例代表制の仕組み…………………………………… *188*

2 小選挙区制……………………………………………… *194*
- 英　　国………………………………………………… *194*
- フランス………………………………………………… *197*
- 米　　国………………………………………………… *200*
- オーストラリア………………………………………… *203*

3 比例代表制……………………………………………… *204*
- イスラエル……………………………………………… *204*
- オランダ………………………………………………… *206*
- ベルギー………………………………………………… *207*
- イタリア………………………………………………… *208*
- ギリシャ………………………………………………… *211*
- スウェーデン…………………………………………… *213*

4 混　合　型……………………………………………… *215*
- ド　イ　ツ……………………………………………… *215*
- 韓　　国………………………………………………… *218*

参考文献……………………………………………………………… *221*

基礎からわかる選挙制度改革

第1章
背中押す「1票の格差」判決

　選挙制度改革を巡る与野党の議論が迷走して久しい。最高裁が「1票の格差」について違憲状態判決を言い渡し，初めて衆参がそろって違憲状態となったのは2012年10月のことだ。衆院選「0増5減」という最低限の手直しにすら手こずり，抜本改革の議論は今も進んでいない。一方で，司法からは抜本的な見直しを求める判決が続いている。

　国会に残された時間は多くない。選挙制度の変更には，大枠となる制度を決定した上で，関連法の成立や具体的な区割りの変更，国民への周知という段階を踏む必要がある。14年中に具体案がまとまらなければ，16年に任期満了を迎える衆参両院の選挙には間に合わなくなる可能性が高い。選挙制度改革を巡る各党の協議はなぜまとまらないのか。これまでの経過を振り返りつつ，検証する。

第1章　背中押す「1票の格差」判決

1 停滞する与野党協議

動かぬ国会

　2013年11月27日，国会内の常任委員長室に与野党9党の幹事長，書記局長が顔をそろえた。常任委員長室は，国会議事堂3階の衆参両院の中央に位置し，与野党幹部による重要な協議の場として使われることが多い。この日のテーマは，衆院の選挙制度改革だった。

　会議で口火を切ったのは，自民党の石破茂幹事長だった。自民，公明，民主の3党は会合に先立つ11月8日に，抜本的な選挙制度改革は先送りし，当面は小選挙区比例代表並立制を維持することと，定数削減を行うことを合意していた。石破氏は3党の合意について説明した上で，「賛同できる党は是非実務者協議に参加いただきたい」と切り出した。すると，共産党の市田忠義書記局長と社民党の又市征治幹事長は「（抜本的な見直しを行うとした）6月の合意から大きく離れている。（共産・社民両党に対する）排除の論理だ」と反論した。

　「もう（12年12月の）衆院選から1年になる。何も結論が得られていないことは，ゆゆしき事態だ」

　石破氏はこう再反論したが，結局この日の会合では，実務者協議を近く開くことを確認しただけに終わった。

　自民，公明，民主の3党の実務者は，この日の会合をきっかけに改革論議の具体案協議に入ろうと考えていた。選挙制度改革については，自公民3党や日本維新の会，生活の党などは並立制を維持していくことを前提に議論しているのに対し，共産党や社民

1 停滞する与野党協議

写真1　衆院選挙制度改革を巡る協議を行う与野党9党の幹事長・書記局長。左から新党改革の荒井広幸，生活の党の鈴木克昌，みんなの党の浅尾慶一郎，民主党の大畠章宏，自民党の石破茂，公明党の井上義久，日本維新の会の松野頼久，共産党の市田忠義，社民党の又市征治の各氏。国会内で。2013年11月27日撮影。

写真2　2012年衆院選「1票の格差」訴訟で，小選挙区割りを「違憲状態」とする判断を示した最高裁大法廷。裁判官席の右端が裁判長の竹崎博允（ひろのぶ）長官。格差最大2・43倍に対し，選挙無効（やり直し）を求めた訴訟の上告審判決にあたり，国会の取り組みを評価したが，抜本改革を求めた。選挙無効の請求については棄却した。2013年11月20日撮影。

第1章　背中押す「1票の格差」判決

党が比例代表制を中心とした制度の導入を求めており，考えの違いは大きい。

　全党が参加した協議は2年近く続いたが，何の合意も得られなかったことを踏まえて，考えが比較的近い政党で合意事項を探る考えだった。しかし，この日の会合で前進がなかったことで，再び各党の協議は停滞し，年越しした。

　与野党幹事長らが会合を開いた1週間前の11月20日，最高裁は「1票の格差」が最大2・43倍だった12年12月の衆院選を「違憲状態」と断じ，国会に早急な改革を求めた。1994年に衆院選に小選挙区比例代表並立制が導入されて以降，「1票の格差」を最高裁が違憲状態と判断したのは，09年選挙に続き2回目のことだ。

　11月28日には，13年7月の参院選の1票の格差を巡る高裁・高裁支部判決の第一弾として広島高裁岡山支部が，「違憲・無効」判決を言い渡した。年末までに出た判決16のうち，合憲とした

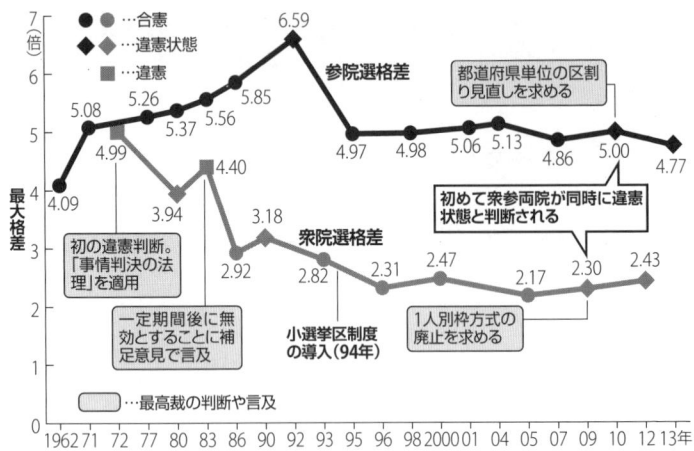

■衆参両院の「1票の格差」と司法判断

6

1 停滞する与野党協議

■ 2012年衆院選, 2013年参院選を巡る「1票の格差」訴訟に対する司法判断

高裁判決（2013年3月6日〜27日）

12年衆院選	違憲・無効	広島
		広島・岡山支部
	違憲・有効	札幌
		仙台
		仙台・秋田支部
		東京（2件）
		名古屋・金沢支部
		大阪
		広島
		広島・松江支部
		高松
		福岡・宮崎支部
		福岡・那覇支部
	違憲状態	名古屋
		福岡

→ 最高裁が「違憲状態」の判決（13年11月20日）

高裁判決（2013年11月28日〜12月26日）

13年参院選	違憲・無効	広島・岡山支部
	違憲・有効	東京
		大阪
	違憲状態	札幌
		仙台
		仙台・秋田支部
		東京
		名古屋
		名古屋・金沢支部
		広島（2件）
		広島・松江支部
		高松
		福岡
		福岡・宮崎支部
		福岡・那覇支部

→ 最高裁が14年夏以降に統一判断

第1章　背中押す「1票の格差」判決

ものは一つもなく，違憲・無効が1件，違憲・有効が2件，違憲状態が13件だった。最高裁判決は14年夏以降に出るとみられている。

「1票の格差」訴訟

　衆参両院の「1票の格差」是正は，これまでも司法がくり返し求めてきたことに後押しされる形で行われてきた。国会は「格差」を縮めるため，中選挙区制時代は選挙区の定数を，小選挙区比例代表並立制となってからは都道府県の定数の見直しを幾度となく行ってきた。しかし，都市への人口集中や過疎化に伴う人口移動で，新たに格差が生じて再び改善を求められるという「イタチごっこ」が続いてきた。

　そもそも1票の格差とは何だろうか。

　衆院の小選挙区や参院の選挙区は，都道府県や市町村の境界線に加え，地域事情などにも配慮して選挙区割りを決めている。このため，選挙区ごとの人口や有権者数は異なる。議員1人当たりの有権者数を選挙区ごとに計算し，比較した場合の格差がいわゆる1票の格差だ。人口が増加傾向にある都市部より，人口が減少している地方における1票の価値が重くなりがちだ。

　2012年の衆院選で見ると，総務省が公示前に発表した同年12月3日現在の選挙人名簿登録者数（有権者数）では，小選挙区ごとの有権者数（国内と在外の合計）は最多が千葉4区の49万7601人，最少は高知3区の20万4930人だった。小選挙区の議員1人あたりの有権者数の格差，つまり1票の格差は最大で2・43倍となる。人口が多い千葉4区に比べ，人口が少ない高知3区の方が，「1票の価値」は2倍以上も大きくなるというわけだ。千葉4区は野田佳彦前首相の地元で，「1票の価値が最も軽い選挙区」だ。

1 停滞する与野党協議

こうした格差が「法の下の平等」を定めた憲法14条に違反するとして、有権者が公職選挙法の規定に基づき選挙の無効（やり直し）を求めたのが1票の格差訴訟だ。

> ①小選挙区比例代表並立制
>
> 一つの選挙区から1人を選ぶ小選挙区選と、比例選を組み合わせた制度の一つ。衆院では、都道府県の定数を0増5減する区割り法の成立で、定数は小選挙区295、比例選（11ブロック）180となった。有権者は、小選挙区選と比例選に計2票持つ。候補者は、小選挙区と比例選の両方に出馬する「重複立候補」が認められ、小選挙区で落選しても、比例選で所属政党の当選順位に入っていれば、復活当選できる。1996年の衆院選で初めて実施された。

> ②中選挙区制
>
> 一つの選挙区から2～6人が当選する制度。同じ党同士での争いが生じるため、選挙にカネがかかったり、派閥を生む原因になったりするとの指摘がある。衆院選は終戦直後大選挙区で実施されたが、その後、長く選挙制度として採用された。1994年の政治改革関連法成立に伴い、小選挙区比例代表並立制に移行した。

「合憲」から「違憲」へ

1票の格差が日本で大きく取り上げられるようになったのは1960年代からだ。

1票の格差を巡る訴訟は、越山康弁護士が1962年に初めて起こした。71年までに衆参4回の選挙で起こした訴訟では、いずれも高裁や最高裁で「合憲」との判決が言い渡された。

憲法47条では選挙区、投票方法など衆参の議員の「選挙に関する事項は法律で定める」と規定されている。この規定を根拠に最高裁は、「議席配分は、立法機関である国会の広い裁量に委ねられている」と判断した。

第 1 章　背中押す「1 票の格差」判決

　ところが、1 票の格差が拡大する中、司法の姿勢は大きく変化する。

　最高裁は 1976 年 4 月 14 日、72 年衆院選について初めて「違憲」判決を出した。都市部への人口集中が進み、1 票の格差が最大 4・99 倍まで広がっていたことを問題視した。この判決で最高裁は「憲法 14 条は投票価値の平等も要求している」との解釈を初めて提示した。判決では、①国会の裁量を尊重しても、1 票の格差が不平等な状態にあると考えられる場合には「違憲状態」②違憲状態を国会が合理的な期間内に是正しなかった時には「違憲」となる――という判断の基準も示した。ただ、この時も選挙自体は有効と判断した。公の利益に著しい支障が出る場合には、違法な行政処分でも取り消さなくてよいとする事情判決の法理を適用したのだ。

　その後、1983 年衆院選を「違憲」とした 85 年の判決でも、最高裁は選挙そのものは有効としたが、最高裁長官ら 4 人の裁判官が補足意見で「選挙を将来的に無効とすることもできないわけではない」と強く警告した。

　この間、国会は 1 票の格差の是正を、定数を増やすことによって対応した。46 年に行われた戦後最初の衆院選では、米国の占領下にあった沖縄県を除き、定数は 466 でスタートした。その後、奄美群島や沖縄県の復帰に伴う定数増のほか、1964 年には 19 増、75 年には 20 増した。

　人口が減少している選挙区の定数には手を付けず、人口の増えた都道府県の定数を増やす手法は現職議員の痛みが少なく、意見集約がしやすかった。さらに日本の人口が増加し続けていることも定数を増やす理由となった。

　しかし、財政の悪化により、政府全体で行政改革が求められるようになると、定数増による 1 票の格差是正は難しくなる。86

年に行われた「8増7減」の定数是正では，定数こそ1増の512と微増したものの，初めて7選挙区で定数が減らされた。さらに92年にはわずか1ながら，定数を減らす9増10減が行われた。

この後，94年に衆院に小選挙区比例代表並立制が導入される政治改革が行われると，定数はさらに11減らされて500となった。

「1人別枠」廃止求める

並立制が導入されると，司法判断の基準は厳しくなった。

一つの選挙区で2～6人の議員が選ばれる中選挙区制では，1票の最大格差は「3倍」が合憲ラインとされてきた。しかし，並立制の導入にあわせて小選挙区制の区割り基準などを定めた衆院議員選挙区画定審議会（区割り審）設置法で，「行政区画や地勢，交通等の事情を総合的に考慮」しつつ，格差は2倍未満とすることを基本とすることが盛り込まれた。最高裁は1票の格差を基本的に2倍以内とするこの規定について，「合理的な基準」と評価するようになった。

小選挙区比例代表並立制導入の際，各都道府県への小選挙区の配分は焦点の一つとなった。

並立制導入を答申した第8次選挙制度審議会は，原則として各都道府県の人口に比例して議席を割り振る方式を提案した。人口比例配分では，東京や大阪などの都市部を地盤とする議員が大量に誕生する一方，中国・四国地方などの過疎の県では，中選挙区制に比べ大きく議席が減ることになる。自民党内では，農村部を基盤にする議員を中心に反対論が噴出した。

妥協策として，各都道府県にまず1議席を割り当て，残りの議席を人口比例で配分する「1人別枠方式」が採用され，最大格差

第1章　背中押す「1票の格差」判決

写真3　選挙制度審議会の答申書を海部首相（右）に提出する小林会長、左は佐藤副会長。首相官邸で1990年4月26日撮影。

は拡大しやすくなった。1994年の区割り案では、1票の格差は最大で2・137倍となった。

　最高裁は96年衆院選を含め、格差が最大で2倍台だった2005年までの3回について、合憲の判決を言い渡した。ただ、05年衆院選を巡っては、裁判官15人のうち6人が、最大2・17倍となった格差を「違憲」または「違憲状態」と判断し、うち4人は1人別枠方式を「合理性に乏しい」と指摘した。最高裁が国会に注ぐ視線は確実に厳しくなっていたことを示していた。それでも、国会は選挙制度の抜本的な見直しに着手しなかった。

　最高裁は2011年3月23日、2009年衆院選が「違憲状態」にあったとの判断を示した。

　「本件選挙区割りの下で生じていた選挙区間の投票価値の較差は、最大で2・304倍に達し、較差2倍以上の選挙区の数も増加してきており、1人別枠方式がこのような選挙区間の投票価値の較差を生じさせる主要な要因となっていた」

「1人別枠方式に係る部分は、選挙時にはその合理性が失われたにもかかわらず、投票価値の平等と相容れない作用を及ぼすものとして、憲法の投票価値の平等の要求に反する状態に至っていたものといわなければならない」

最高裁判決は、1人別枠方式の廃止を含めた選挙制度改革に取り組むよう国会に求めたのだった。

> ③第8次選挙制度審議会（8次審）
>
> 選挙制度改革について検討するため、1989年に設置された首相の諮問機関。90年、中選挙区制に代わり、衆院小選挙区比例代表並立制を導入するよう提言した。選挙制度審議会は61年に第1次審が設置されて以降、選挙制度や政治資金制度の在り方などを提言した。学識経験者から首相が27人以内で任命し、必要があれば、国会議員の中から特別委員を任命することもできる。国会議員が委員に加わらなかったのは、8次審が初めてだった。

始まった与野党協議

最高裁が違憲状態判決を出すと、ようやく国会も重い腰を上げた。政権与党・民主党の岡田克也幹事長は当初、「1人別枠方式」を廃止し、単純に都道府県の人口に比例して議席を配分する人口比例方式で定数を是正する「21増21減」案を導入する方針を打ち出した。しかし、党内の異論は強かった。人口比例で定数を配分すれば、大半の都道府県で定数が変わり、区割りの大幅な変更が必要になる。自らの地盤である選挙区が大きく変わることに、多くの議員は否定的だった。

党内の声を踏まえ、党政治改革推進本部（本部長・岡田幹事長）は7月28日の総会で、「5増9減」と「6増6減」の2案を主張することを決めた。「5増9減」は東京、長野、岐阜、静岡、京都で定数を1ずつ増やし、北海道、埼玉、福井、山梨、大阪、兵

第1章 背中押す「1票の格差」判決

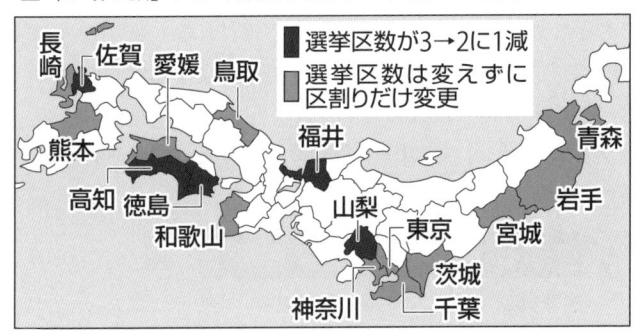

■「0増5減」により衆院小選挙区の区割りが変更される都県

庫，徳島，高知，佐賀を1ずつ減らす案だ。「6増6減」は東京のみ3増やし，神奈川，愛知，埼玉を1ずつ増やし，福井，山梨，佐賀，徳島，高知，鹿児島で1ずつ減らす。いずれも完全比例配分ではないものの，1票の格差は2倍以内に縮小すると見込んでいた。さらに比例選の定数を180から100に減らすことも盛り込んだ。

与野党協議は，11年秋になってようやく始まった。この間，民主党は菅直人首相が辞任。後任を選ぶ民主党代表選では，野田佳彦財務相が勝利し，民主党政権3代目の首相に就任した。野田首相は党運営の要となる幹事長に，参院の重鎮・輿石東氏を指名した。代表選では，菅政権の中枢を担っていた野田首相らと，小沢一郎氏らに近い議員との間で対立が激化していた。小沢氏とも信頼関係のある輿石氏の起用は，党内融和を図ろうという狙いがあったが，選挙制度改革を巡る与野党協議にも大きな影響を与えることになった。

10月3日，民主，自民，公明3党は，衆院の選挙制度改革に関する実務者協議を開始した。6日には，各党の幹事長・書記局長による協議も並行して始まった。輿石幹事長は「1票の格差の

1　停滞する与野党協議

■主な政党の選挙制度改革に関する主張

衆　院	政　党	参　院
比例定数を30削減し，中小政党優遇枠を設ける	自　民	抜本的な選挙制度改革を2016年までに実現
	公　明	全国11ブロック程度の大選挙区制
小選挙区を5増30減と3増18減の2案を提示。比例代表の削減幅は明示せず	民　主	定数40議席程度削減
	日本維新の会	衆参合併で一院制に改革
	みんな	定数を100に削減し，全国集計の比例代表制に
小選挙区制を廃止，全国11ブロックの比例代表制に	共産党	全国9ブロックの比例代表制とし，定数242は維持

※参院選公約などから作成

問題は避けて通れない。お互いテーブルについて議論しよう」と各党に協力を呼びかけた。

すれ違う思惑

　しかし，「1票の格差」是正を優先し，抜本改革を2番手と位置付ける民主，自民両党と，格差の是正は抜本改革を通じて実施したい公明党など中小政党との思惑の違いは協議開始直後から明らかになった。定数の6割超を小選挙区が占め，大政党に有利な現在の選挙制度に対する考え方の違いがあった。

　民主党は10月21日の各党協議で，現行の小選挙区比例代表並立制を維持し，小選挙区を「5増9減」または「6増6減」し，比例選の定数は80削減すると提案した。自民党は，現行制度を前提とする点では民主党と同じだったが，小選挙区は「0増5減」，比例選の定数は30削減するとした。

　これに対し，公明党と国民新党は，小政党でも議席獲得に有利

15

な小選挙区比例代表連用制を求めた。共産, 社民, みんなの党は, 比例選に比重を置く仕組みを主張した。たちあがれ日本と新党改革は, 一つの選挙区から複数当選する中選挙区制を掲げた。

公明党は当時衆院議員全員が比例選出だった。比例選の定数を削減することは, 次の衆院選で議席減につながる可能性が高かった。みんなの党, 共産, 社民などの各党も衆参とも比例選出の議員が多く, 小選挙区制度こそ見直すべきとの考え方だった。

各党の実務者協議を取り仕切ったのは, 民主党の樽床伸二幹事長代行だった。樽床氏は輿石氏からの信頼が厚く, 各党の協議は輿石氏の意向を汲む形で進められた。輿石, 樽床両氏は「早期の衆院解散・総選挙を避けるべきだ」との考えを共有していた。衆院解散の環境を整えることにつながる衆院選挙制度改革については, 慎重だった。

年が明けた12年1月18日, 民主党は政治改革推進本部（本部長・樽床幹事長代行）の総会で, 山梨, 福井, 徳島, 高知, 佐賀の各県で小選挙区の定数をそれぞれ「1減」する「0増5減」と, 比例代表の定数80削減などを盛り込んだ関連法案を決定した。これまで主張してきた「5増9減」などの案が他党の賛成を得られないことから自民党案の「0増5減」を丸のみしたものだ。しかし, 定数削減については80削減の主張を維持した。公明党など小政党の理解を得られる見通しは立っていない上に, 比例選出の定数削減そのものには前向きな自民党も80という削減幅には賛成しそうもなかった。

この頃, 民主党は定数削減をより重視するようになっていた。野田内閣は, 消費税率の引き上げに命運を賭け, 国民に理解を求める切り札として「身を切る改革」（野田首相）の実行をアピールする戦略に打って出た。

さらに追加の提案を行った。樽床氏は2月15日の衆院選挙制

度改革に関する各党協議会で,公明党が主張する小選挙区比例代表連用制の「一部導入」を検討対象とすることや,将来的な中選挙区制の検討を盛り込んだ「座長私案」を示し,「0増5減」や比例定数80削減とのセットでの決着に動いた。

民主党が狙ったのは,次期衆院選で最大の敵となる自民党を支援することが確実な公明党を切り崩すことだった。「選挙制度改革で公明党の主張を受け入れ,自公共闘の足並みの乱れを誘うことができれば,次期衆院選でも有利になる」(民主党幹部)との読みがあった。

しかし,小選挙区と比例代表を並立させた上に,比例代表については二種類の制度を併存させる制度は複雑でわかりにくかった。しかも,有権者が投じた比例選への1票は大政党より中小政党の価値が重くなるため1票の価値の不平等が生じるとして,自民党は憲法違反の可能性があると批判した。

公明党も提案を受け入れなかったため,民主党が狙った野党の分断は成功せず,議論は行き詰まった。

区割り審も動けず

立法府が「違法状態」に陥るという異例の事態も起きた。2010年の国勢調査を基に区割り案を政府に勧告する法的義務を負う衆院選挙区画定審議会は11年3月の最高裁判決を受けて,区割り見直し作業を中断し,国会の結論を待っていた。しかし,与野党協議が進展しない影響で,法律に基づく12年2月25日の勧告期限が過ぎてしまったのだ。

民主党は,表向きには「違法状態」の早期解消を強調したが,各党の動きをにらみながらの協議が続いた。民主党幹部は当時,「違法状態なら,野党も『解散,解散』とは言いにくいはずだ。

第1章　背中押す「1票の格差」判決

写真4　衆院選挙区画定審議会（区割り審，会長・村松岐夫京大名誉教授）は，2010年国勢調査に基づく小選挙区の区割り改定案をまとめ，首相に勧告した。首相官邸で。2013年3月28日撮影。

選挙制度改革の議論はしばらく放っておいた方がいい」と，あけすけに本音を語った。

　半年後の8月28日，民主党は衆院本会議で，小選挙区の「0増5減」に加え，比例選の定数を40削減し，比例選の一部に連用制を導入することを盛り込んだ選挙制度改革法案を可決させた。自民党など全野党欠席のまま押し切った。参院では野党が多数を握っているため，成立は見通せず，民主党によるパフォーマンス的な色彩が濃かった。

〈強行採決によって野党が反発すれば，選挙制度改革はさらに遠のき，民主党の苦戦が予想される解散・総選挙を先延ばしすることができる〉

　そんな思惑が透けて見えた。

1 停滞する与野党協議

④衆院選挙区画定審議会（区割り審）

衆院小選挙区の「1票の格差」是正のため、10年ごとの国勢調査の人口に基づいて、区割り改定案を首相に勧告する政府の審議会。有識者で構成され、勧告は国勢調査の速報値が発表されてから1年以内に行われる。2013年3月、17都県42選挙区の区割りを見直す改定案を勧告した。区割り審設置法では、1票の格差が2倍以上とならないことを基本とし、「行政区画、地勢、交通等の事情を総合的に考慮して合理的に行わなければならない」と基準を定めている。

突然の解散表明

2012年秋は1年以内に行われる衆院選の顔を選ぶ民主、自民両党の党首選が行われた。民主党代表選は野田首相が再選を果たし、自民党総裁選は安倍晋三元首相が総裁に返り咲いた。

安倍氏、石破茂前政調会長、石原伸晃幹事長、町村信孝元官房長官、林芳正政調会長代理の5人による華々しい総裁選で意気上がる自民党に対し、民主党は衆院選の勝算が見えない中、沈滞した空気に包まれていた。消費税率引き上げを盛り込んだ消費税法改正案の採決では、民主党から小沢一郎元代表グループを中心に57人の議員が反対票を投じ、16人が欠席・棄権するなど大量の造反が出た。反対票を投じた小沢氏らは離党届を提出、民主党は除籍（除名）処分を下したが、衆参49人が新党を結成した。

一方で、橋下徹大阪市長を中心とした日本維新の会が衆院選に挑戦するための候補者選びを進めていた。すでに民主、自民、みんなの党の各党を離党した国会議員が参加していた。みんなの党や地域政党「減税日本」などを含めた「第3極」が台風の目として注目を浴びた。民主党は自民党だけでなく、第3極にも後れを取る恐れが現実味を持って語られるようになっていた。

野田首相は局面の打開を狙い、選挙制度改革を絡めて「サプラ

第1章　背中押す「1票の格差」判決

イズ」を演出した。

11月14日,自民党の安倍総裁との党首討論。野田首相は乾坤一擲の勝負に出た。

「国民に消費税を引き上げる負担をお願いしている以上,定数削減する道筋をつけなければならない。この場で決断いただくなら,今週末の16日に解散してもいい」

首相が国会論戦という表舞台で解散時期を明言するのは,極めて異例だ。野田首相は「党首討論で解散表明」の戦略を岡田副総理や藤村官房長官ら,ごく少数の側近に伝えただけだった。安倍総裁を相手に国会論戦で攻めの姿勢をアピールすれば,衆院選を有利に運べるのではないかとの計算もあったとされる。委員会室にどよめきが広がり,驚いた安倍総裁は,顔を紅潮させて「(1票の格差是正などを)進めてこなかったのは,解散をひたすら恐れてきた民主党の方ではないか。まずは0増5減をやるべきだ」と切り返すのがやっとだった。

野田首相は,たたみかけた。

野田首相「16日に解散をします。やりましょう,だから」

安倍総裁「それ,約束ですね。よろしいんですね」

野田首相は討論で,1票の格差是正と衆院議員定数削減を盛り込んだ選挙制度改革法案と,赤字国債発行を可能とする特例公債法案の今国会成立への協力を要請。通常国会でさらなる定数削減を実施することも提案した。

与野党に衝撃が走った。衆院解散を求めていた安倍氏にとっても日にちを指定した衆院解散予告は想定していなかった。さっそく,自民党は直後,安倍氏や石破幹事長らが対応を協議し,野田首相の提案に応じることを決めた。民主,自民,公明3党は14日夕,参院国会対策委員長会談などを開き,両法案を16日に成立させることで大筋合意した。衆院選挙制度改革は,衆院解散を

1　停滞する与野党協議

写真5　自民党の安倍総裁との党首討論で衆院解散を表明する野田首相。2012年11月14日撮影。

めぐる与野党の駆け引きの結果，ようやく前進した。

　衆院解散当日の16日，民自公3党は「選挙制度の抜本的な見直しについて検討を行い，次期通常国会終了までに結論を得た上で，必要な法改正を行う」とする合意書を交わした。小選挙区の定数を「0増5減」する選挙制度改革法も同日の参院本会議で民自公3党などの賛成多数で可決，成立した。

　野田氏は約束通り衆院を解散した。しかし，衆院解散表明直後から離党表明する者が相次いだ。1か月後の衆院選で民主党は大敗，政権の座を自民党に明け渡した。民主党は日本維新の会の議席をかろうじて上回ったものの，民主党政権は，2009年の政権交代からわずか3年余で幕を閉じた。

第1章　背中押す「1票の格差」判決

⑤ 特例公債法案

　予算の範囲で赤字国債を発行し，国が借金することを認める法案。財政法では，道路などの公共事業を目的に発行する建設国債以外の国債発行を認めていないため，特例措置として必要になる。参院で野党が多数を握る「ねじれ国会」の下では，野党が法案を人質に政府を揺さぶる事態が繰り返されてきた。

2　無効判決の衝撃

攻守交代

　自民党の安倍総裁は，2012年12月，第96代首相に就任した。読売新聞の緊急全国世論調査（電話方式）では，内閣支持率が65％に達し，内閣発足直後の調査（1978年発足の大平内閣以降）としては野田内閣と並ぶ歴代5位の高さだった。

　衆院選挙制度改革の各党協議は，年明けの13年1月28日に召集された通常国会で再開された。協議の主導権は，自民党の石破幹事長が握ることとなった。自民党の選挙制度改革問題統括本部（本部長・細田博之幹事長代行）は3月14日，党本部で総会を開き，衆院選挙制度改革の同党案を決めた。小選挙区定数の「0増5減」を先行処理し，その後の検討課題として細田氏が作成したもので，五つの特徴があった。

〈1〉現行の小選挙区比例代表並立制を維持
〈2〉比例選の定数を30削減し，150に
〈3〉比例選150議席のうち60議席は「得票数が2位以下の

政党」に配分
〈4〉〈3〉の優遇措置の結果,得票数1位と2位の政党で比例選の獲得議席が逆転しないようにする
〈5〉比例選の11ブロックのうち北海道と東北,北陸信越と東海,中国と四国を統合

　細田氏は当初,比例選について中小政党の優遇枠を30とする方針だったが,公明党が「50〜60議席」を要望したため,最大限受け入れた。自民党内では,公明党が求める選挙制度の抜本改革や小選挙区定数のさらなる削減に慎重論が強く,「比例選で身を切る」ことで妥協を図る内容だ。政権を奪還した直後で,公明党との関係構築も手探り状態にあった安倍政権にとって,選挙制度改革をめぐる与党内調整は最初の試金石と言えた。

　この自民党案を12年の衆院選結果に当てはめると,公明党の比例選の議席は,定数が削減されるにもかかわらず,22議席が維持され,現行制度で比例定数を30減らす場合に比べ4議席多くなる。自民党の比例選の議席は逆に14議席少なくなるが,細田氏は14日の選挙制度改革問題統括本部の総会で「カギを握るのは公明党だ」と理解を求めた。出席者からは1票の価値の平等の観点から「憲法違反の可能性がある」と疑問視する声も出た。中小政党の優遇枠は,民主党がかつて主張した連用制とも類似していた。当時,自民党は連用制を憲法違反の可能性があると攻撃していたが,最終的には原案通り了承された。

　公明党は2週間後の3月28日,党中央幹事会で自民党案の受け入れを決め,「与党案」となった。

第1章　背中押す「1票の格差」判決

戦後初の違憲・無効判決

　与党が選挙制度改革案をまとめていた時期，政界に衝撃を与える司法の判断が相次いだ。

　2012年12月に行われた衆院選では，1票の格差は最大2・43倍に広がっていた。選挙後，弁護士グループは各高裁・支部で訴訟を起こした。計16件の訴訟のうち，違憲判決が14件，違憲状態判決が2件で，合憲との判断は一つもなかった。違憲判決の中でも，広島高裁と同高裁岡山支部が出した2件は，戦後初めて選挙を無効とする判断も示された。いずれの判決も，最高裁が11年の判決で「格差を生む主因」とした「1人別枠方式」が温存されていることを問題視した。

　最高裁の見直し要求が実施されずに衆院選が行われた状況は，1983年と似ていた。この年11月7日，最高裁大法廷は最大格差3・94倍の80年衆院選を「違憲状態」とし，「できる限り速やかな是正が強く望まれる」と警告を発した。しかし，国会は何の合意も得られないまま，83年11月28日，与野党がロッキード事件での田中角栄元首相の有罪判決を巡って対立し，中曽根首相は衆院解散に踏み切った。当時は中選挙区制で，「1票の格差」は4・40倍に拡大していた。選挙後，「1票の格差」を巡り最高裁が「違憲」判決を言い渡した。ただ，最高裁は選挙そのものは有効との判断を下した。最高裁の「警告」から選挙までわずか40日間しかなく，区割り案の策定や法改正など格差是

写真6　2012年衆院選と13年参院選の「違憲・無効」判決を出した広島高裁岡山支部の片野悟好裁判長。

写真7 2012年12月の衆院選「1票の格差」訴訟で，広島高裁岡山支部による違憲・無効判決を受けて，喜びを語る弁護士。国政選挙を無効とする司法判断は2件目。岡山市北区で。2013年3月26日撮影。

正に取り組むには，時間が足りなかったとの事情を考慮したためだ。

これに対し，12年12月16日に行われた衆院選は，11年3月23日の最高裁判決から約1年9か月が経過していた。広島高裁岡山支部は13年3月26日の判決で「大法廷判決から選挙までの1年9か月弱の期間は，衆院議員の任期4年の約半分に相当する期間であって，区割り規定ないし選挙制度を改定するための合理的な期間として，不十分であったとは到底言えない」と指摘した。広島高裁は「最高裁の違憲審査権が軽視されている。もはや憲法上許されない事態だ」と断じた。

ただ，こうした判決が最高裁でも出れば，混乱することは必至だった。再選挙は40日以内に行われることになっているが，無

効とされた以上選挙区の区割り変更を行う必要があるが，どうやって短期間に区割りを確定させ，国民に周知した上で再選挙を行うのか。また，無効とされた小選挙区の当選者は再選挙となるのに，同じ選挙区で落選し，比例選で復活当選を果たした候補者は身分を失わないなど，多くの矛盾を抱えていた。

12年衆院選を巡る16件の訴訟はいずれも上告され，最高裁大法廷での統一判断に委ねられた。

> ### ⑥区割り法
>
> 「1票の格差」是正を目的に，選挙区の定数を調整した法律。政府の衆院選挙区画定審議会が2013年3月，安倍首相に勧告した改定案に基づき，山梨，福井，徳島，高知，佐賀の5県の小選挙区数をそれぞれ3から2に減らした。定数が増えた選挙区は0で，衆院の総定数は5減となった。これに伴い，5県を含む17都県42選挙区の区割りが改定された。

民主党の路線転換

相次ぐ違憲判決を受けて理解に苦しむ行動に出たのが，野党に転落した民主党だ。野田前首相が命運を賭けて成立させた「0増5減」をめぐり，その内容を具体化する区割り法案（公職選挙法改正案）について，反対する姿勢に転じたのだ。民主党の細野豪志幹事長は，態度を翻した理由について，12年衆院選の「1票の格差」を巡り，各高裁で違憲判決が相次いだことを挙げ，「区割り法案を通すだけでは，憲法上の疑義を払拭できない。また憲法違反で無効判決が出る可能性がある」と説明した。

しかし，与党時代に0増5減で合意をまとめたのは民主党だった。民主党はかつて党内からの反発で自ら断念した定数を都道府県に比例配分する大規模な見直し案を再び持ち出した。与党となった自公両党と妥結する見通しはまったくなかった。各党協議

2　無効判決の衝撃

は，再び膠着状態に陥った。

民主党は4月16日には「比例選の定数30削減」などを柱とする与党の抜本改革案への対案として，「小選挙区30減，比例選50減」の計80削減する衆院選挙制度改革関連法案を衆院に提出した。同案は，現行の比例代表並立制を維持する一方，小選挙区の議席配分について，各都道府県にまず1議席を配分する「1人別枠方式」を廃止し，人口に比例して各都道府県に定数を配分する方式に変更することも盛り込んだ。生活の党も，ほぼ同様の案で足並みをそろえた。

ただ，野党各党は改めて独自案を公表，新党改革，みんなの党，日本維新の会の3党は，民主党以上の定数削減を主張した。

新党改革は，中選挙区制を導入した上で定数を半減させて240にするとした。みんなの党は小選挙区選を廃止した上で全国集計の比例選を導入し，定数を180減の300にすることを提案。日本維新の会は定数を3割削減（小選挙区60減，比例選84減）し，336とする案をまとめた。もっとも，維新の会の案は，現行の小選挙区比例代表並立制を維持し，議席配分で人口比例方式を導入する点では，民主党と同じだ。

これに対し，共産，社民両党は定数480の維持を主張した。共産党は小選挙区選を廃止して全国11ブロックの比例選にすることを提案し，社民党は小選挙区比例代表併用制や小選挙区比例代表連用制の検討を求めた。

定数の削減幅だけを比較しても，各党の意見は「240減」から「現状維持」までバラバラだった。与野党の実務者協議は4月から3か月間で計9回に及んだが，6月の通常国会会期末になっても議論は平行線をたどった。

第1章　背中押す「1票の格差」判決

Column 1

◀衆院の定数配分ルール▶

　衆院小選挙区の都道府県ごとの定数は10年に1度の国勢調査結果に基づいて見直されることが決まっている。1票の格差是正が定期的に見直されるようになったのは，1994年の政治改革関連法の成立によるものだ。それまでは1票の格差是正を行うかどうかは国会に委ねられていた。定数配分も当初は各都道府県にまず1議席を割り振り，残る議席を人口比例で配分するというルール（1人別枠方式）が設けられ，自動的に決まっていた。

　2011年3月の最高裁判決により，1人別枠方式は「格差を生じる主要な要因」として廃止を求められたため，12年11月にこの方式を定めていた衆院議員選挙区画定審議会設置法の条文の一部が削除された。現在は，どの都道府県にいくつの議席を割り振るかの規定がないため，次の2020年の国勢調査までに，新たなルールをつくる必要がある。

　衆院の定数配分のもとになるのは，あくまで国勢調査の人口であって，国政選挙などが行われる際の有権者数ではない。人口には，未成年のほか，外国人も含まれる。このため，国勢調査結果に基づき，1票の格差を2倍以内に収めても，有権者数では2倍を超える可能性もある。

「0増5減」実施へ

　与野党の合意のメドが立たない中，自民・公明両党は衆院小選挙区定数の「0増5減」を実現する区割り法案を成立させる方針を固め，2013年4月に衆院で自公両党などの賛成多数で可決した。区割り法案に反対する野党が多数を占める参院では民主党などがみんなの党提出の法案と併せて審議するよう求め，与党と対立して審議に入れないという異例の事態となったが，衆院通過から60日を経ても参院で採決されなかったため，6月24日の衆院本

会議で憲法59条の規定を適用し、「否決」とみなした。その後、衆院に返付され、賛成384、反対91で再可決され、成立した。日本維新の会は、4月の衆院採決では本会議を欠席したが、「違憲状態を次の会期まで放置できない」（松野頼久幹事長代行）として、衆院返付後の採決では賛成に転じた。

「だました人が悪いのか、だまされた私が悪いのか」

民主党の野田前首相は6月24日の衆院本会議で、安倍首相に不満をぶつけた。野田・安倍両氏による前年11月の党首討論で、「定数削減の結論を通常国会までに得る」とした約束について、その本気度をただしたわけだ。安倍首相は「残念ながら合意が得られていない。努力を続けることが大切」と述べるにとどめた。

6月25日、与野党は9回目の各党協議で参院選後に改めて協議することを文書で確認し、結論を先送りした。各党が交わした文書では、①定数削減②1票の格差是正③都道府県定数配分④民意集約機能の緩和——について、「参院選後速やかに各党間の協議を再開し、結論を得る」とされた。民主党は「秋の臨時国会において必要な法改正を行う」と明記するよう求めたが、与党側は拒否し、最終的に民主党の主張として文書に盛り込むことで妥協した。

首相、第三者機関設置を提案

「第三者機関で選挙制度の結論が出せないか、検討してもらえませんか」

6月25日昼、首相官邸5階の首相執務室。安倍首相は自民党の石破幹事長と向き合い、こう切り出した。衆院の選挙制度改革を巡り、有識者らによる諮問機関の設置を検討するよう指示したのだ。首相は、直後に官邸の別室で行われた公明党の山口那津男

第1章　背中押す「1票の格差」判決

代表との与党党首会談でも,同じ意向を伝えた。党首会談には石破氏のほか,菅義偉官房長官,公明党の井上義久幹事長,太田昭宏国土交通相も同席した。衆院小選挙区定数の「0増5減」を実現する区割り法（改正公職選挙法）は前日の24日に成立したが,抜本改革については各党の意見がまとまらないため,首相は,新たな議論の場を設けることで局面を打開しようと考えたのだった。

選挙制度改革に関する有識者会議として知られるのは,首相の諮問機関である選挙制度審議会だ。民主党は与党時代,「第9次選挙制度審議会」の設置を提案した。衆院選挙制度改革を巡る各党協議会の座長を務めた民主党の樽床伸二幹事長代行が12年2月に示した私案には「次期総選挙後,9次審を設置し,中選挙区制などの検討を行い,1年以内に結論を得る」と明記されている。しかし,この時は有識者会議の設置について与野党の合意は得られなかった。

安倍首相は,国会議員の身分にかかわる定数削減も議論の対象となることから,政府主導ではなく,当事者である国会を中心とした議論に委ねる考えだった。伊吹文明衆院議長の下に諮問機関を置く案が念頭にあった。伊吹氏は6月26日,出身派閥・二階派の総会で「（首相と）事前に色々打ち合わせをした」と明らかにした。伊吹氏は「選挙制度は政党の利害が対立するもので,第三者を中心にやりたいという提案は当を得たものだ」とも述べ,安倍首相の提案を歓迎した。安倍首相は通常国会の閉会を受けて首相官邸で行った同日の記者会見でも,「膠着状態を打開しなければならない」と強調し,第三者機関の結論を尊重して立法化する仕組みを検討する考えを示した。

この時,安倍首相の眼前には,参院選の公示（7月4日）が迫っていた。第1次安倍政権下で迎えた07年参院選では,大敗によって辞任を余儀なくされた。参院で過半数を失った自民党はそ

写真8 通常国会の閉会を受けて首相官邸で記者会見し、選挙制度改革の第三者機関の設置を目指す考えを示した安倍首相。2013年6月26日撮影。

の後、「ねじれ国会」に苦しんだ。

参院選で選挙制度改革が争点の一つに浮上すれば、議論をリードすべき与党の責任が問われる可能性がある。安倍首相は「第三者機関の設置」を打ち出すことで、内外の批判をかわす狙いもあったとみられる。秋には衆院選の「1票の格差」訴訟の最高裁判決も控えていた。

安倍首相の提案に賛同する声は、与野党を問わず上がった。公明党の山口代表は、読売新聞などのインタビューで「第三者機関に議論を委ねることも一つの考え方だ」と述べ、設置に前向きな考えを示した。ただ、「全く政党から離れて議論しても好ましい結論にはならない。政党の意見をどう関与させるかという点も必要だ」とも指摘した。

日本維新の会の橋下徹共同代表も「第三者機関みたいな専門家

で案を作ってもらい，その案をたたき台に政治家が微調整するというプロセスを踏まないと進まない」と語った。

過去8回設置された選挙制度審議会のうち，1～7次審では，各党代表の国会議員が特別委員として参加し，自党に有利な主張を展開して，選挙制度の見直しが進まなかった。自民党は，第三者機関のメンバーを有識者に限定する代わりに，各党が有識者を推薦することとし，推薦できる有識者数は各党の衆院の議席数に基づいて配分する案を野党に打診した。議席数に応じた配分にすれば，自公両党推薦の有識者が第三者機関メンバーの多数を占め，与党主導で結論を主導できるとの判断があった。

これに対し，民主党内では「国会議員が方向性を示すべきだ」として，各党協議を継続すべきだとの意見が根強く，議席数に応じた有識者の推薦にも否定的な意見が多かった。

3 迫る参院最高裁判決

自公民3党協議

2013年7月の参院選は自民党圧勝で終わり，衆院選挙制度改革をめぐる協議は，仕切り直しとなった。

自民，公明両党は，まず民主党に協議を呼びかけた。「全党の合意が必要なテーマでは，野党第1党の協力が欠かせない」（自民党幹部）との判断があったからだ。10月3日，自民，公明，民主3党の実務者協議が国会内で開かれた。自民党の細田博之幹事長代行は第三者機関の設置を改めて提案した。しかし，民主党の

岡田克也政治改革・国会改革推進本部長は「排除することはないが，白紙で第三者に任せるのは考えにくい」と述べ，慎重な態度を崩さなかった。

　岡田氏は会合でこれまでと異なる提案を行った。定数削減について，小選挙区と比例選をいずれも減らしつつ，「小選挙区選3・比例選2」程度の比率とする内容だった。この比率は1994年に小選挙区比例代表並立制が導入された当時と同じだった。小選挙区選と比例選の定数は，99年に比例選の定数を20削減したことにより，小選挙区選の比重が高まっていた。

　岡田氏の新提案は，民主党の従来の主張と比べれば，定数削減幅について議論の余地を残すことにより，議論を進めようとするものだった。岡田氏は協議後，記者団に「互いに『一歩も譲らない』と言ったら協議にならない」と柔軟姿勢をアピールした。

　ただ，新提案に沿って定数を削減すれば，小選挙区をより削る必要がある。自民党内には「0増5減で5減らすだけでも大変だった」（党幹部）という消極論が強かった。

新たな合意文書

　自民，公明，民主3党の実務者は11月8日，再び会談し，現行の小選挙区比例代表並立制を維持することと，衆院議員の定数を削減することを明記した3党の合意文書をまとめた。合意文書では，民主党が求めていた小選挙区の削減に関連し，「小選挙区制度の民意集約機能が行き過ぎたものにならないように配慮する」とした。小選挙区の削減に反対する自民党にとっては，一定の譲歩と言えた。もっとも，細田氏は協議後，記者団に対し，小選挙区の削減に踏み込むかどうかについて，「詰め切っていない。（削減か否かが）玉虫色になっている」と強調した。

第1章　背中押す「1票の格差」判決

　11月20日には最高裁判決が控えていた。各党が注目したのは，二つの点だった。一つは，「違憲」まで踏み込むのか，「違憲状態」にとどまるかだった。高裁・高裁支部で1件も合憲判断がなかったことから，合憲との判断は出ないというのが，共通認識になっていた。選挙の無効は，大きな混乱をもたらすため，最高裁も踏み込まないだろう，というのが一致した見方だった。もう一点，注目されたのが，「0増5減」をどう評価するかだ。衆院選に対して厳しい判断が示されていても，衆院選後に区割り法を成立させたことが判決の中でどう触れられるかも焦点だった。

　11月20日，最高裁は広島高裁岡山支部などの厳しい判決とは一線を画し，違憲状態にとどめる判決を言い渡した。判決では「0増5減」で1票の格差がひとまず2倍未満に抑えられたことを評価した。「選挙無効」の宣言に伴う政治の混乱は回避され，政府・与党からは「司法と立法との関係によく配慮した判決だ」（石破幹事長）などと安堵の声が上がった。

　ただ，選挙制度改革の必要性が薄れたわけではまったくない。最高裁判決でも選挙制度の見直しの必要性を強調していたからだ。

　石破氏は12月27日の記者会見で，「消費税で国民の負担をいただく以上，自らの身を削る努力が必要だ。消費増税の時期は一つの目安だ」と語り，消費税率が8％に引き上げられる14年4月までに，定数削減に関する方向性を打ち出したいとの考えを示した。

衆院より大きな格差が容認されてきた参院選

　「1票の格差」は参院選にも共通する問題だ。

　参院の選挙制度は，都道府県単位の選挙区（定数146）と，全国一律の比例代表（定数96）の計242人を3年ごとに半数ずつ改

3 迫る参院最高裁判決

選する方法を採用している。1票の格差が生じるのは選挙区選だ。

最高裁が初めて参院選の「1票の格差」を違憲状態と判断したのは1996年。格差が最大6・59倍だった92年7月の参院選について、「(格差が)到底見過ごせない程度に達しており、違憲の問題が生じる著しい不平等状態が生じていた」と指摘した。

参院選の場合、憲法46条にある「3年ごとの半数改選」規定のため、選挙区の定数は各都道府県に偶数配分する必要がある。最高裁はこの「参院の特殊性」を考慮し、衆院選に比べて大きい「1票の格差」を許容してきたが、6倍を超えたことで、厳しい判決が突きつけられることとなった。

2012年10月17日、最高裁は1票の格差が最大5・00倍だった10年7月の参院選挙区選についても、「違憲状態」とする判決を出した。選挙無効の請求は棄却したが、現行の都道府県単位の選挙区割りについても、初めて見直しを求めた。

従来は合憲とされてきた5倍の格差が問題視されたのは、衆参の「ねじれ」によって参院の重要性が高まってきたことが背景にある。判決は「国政運営における参院の役割は大きくなっており、参院選だからといって投票価値の平等の

■参院選挙区定数「4増4減」の対象

岐阜 4➡2	福島 4➡2
1.767倍	1.723倍
➡3.535倍	➡3.447倍

大阪 6➡8	神奈川 6➡8
5.020倍	5.124倍
➡3.765倍	➡3.843倍

| 定数是正後に最大格差となる県 | 兵庫 4 4.746倍 |

府県名横の数字は、現在と是正後の定数。府県名下は、2010年国勢調査確定値に基づき、鳥取県の議員1人当たり人口を1とした場合の比率(1票の格差)と是正後の比率

第1章　背中押す「1票の格差」判決

要請が後退してよいわけではない」と指摘した。

　これに対し，当時，政権を担っていた民主党は自民，公明両党などと協力し，2012年11月16日，神奈川，大阪で定数を2ずつ（改選定数は1ずつ）増やし，福島，岐阜で2ずつ（同）減らす「4増4減」の改正公選法を成立させた。「1票の格差」は5・124倍から4・746倍に縮小されたが，抜本改革には程遠かった。

　13年の参院選は，この見直しを踏まえて行われた。ただ，弁護士グループは選挙後，47選挙区すべての選挙無効を求めて全国の8高裁・6高裁支部に計16件の訴訟を起こした。全選挙区を対象とした提訴は，衆院，参院を通じて初めてのことだった。

　16件の高裁判決は，同年12月26日までに出そろった。「違憲」と判断したのは3件で，うち2件は選挙を「有効」とし，1件は選挙も無効だとした。札幌高裁など13件の判決は，参院選をめぐる12年10月の最高裁判決から13年参院選までの9か月間では，制度の抜本的な見直しはできないなどとして，「違憲状態」とした。ただ，16件の判決はいずれも，「4増4減」では不十分だとし，13年参院選でも「投票価値の著しい不平等状態が生じていた」と指摘した。16件の訴訟はすべて上告され，最高裁大法廷が14年夏以降に統一判断を示す見通しとなっている。

3 迫る参院最高裁判決

Column 2

◀参院選「格差」3倍未満にするには▶

　2013年11月28日に言い渡された広島高裁岡山支部の判決では，7月の参院選で「1票の格差」が3倍を超えた17選挙区について，投票価値の不平等状態が続いていると指摘した。では，3倍を超えないようにするにはどうしたらいいだろうか。

　格差是正のための定数増はやむを得ないと考えれば，議員1人あたりの有権者が多い都道府県の定数を増やすことで格差は縮小する。

　有権者が最少の鳥取県などは現状の定数2としたまま，都市部を中心に定数を増やした場合，東京都は現行の10から16に大幅に増やす必要がある。

　神奈川県も4増の12，埼玉，愛知両県は4増の10，大阪府は2増の10と，都市部で軒並み定数を増やさなければならなくなるが，1票の格差は大阪府と鳥取県の間で2・95倍に抑えることができる。ただ，選挙区の総定数は現行の146から194と48も増えてしまう上，東京都の定数だけで，中国地方各県の定数合計の14よりも多くなる計算だ。

　議員1人あたりの有権者が少ない県を隣接県と合併し，一つの選挙区とする「合区」を行う場合はどうだろうか。

　合区を行う場合，複数の組み合わせがありえるが，人口規模の似た隣接県ごとに行う場合，福井・石川，山梨・長野，鳥取・島根，高知・徳島，佐賀・長崎の組み合わせで10県を5選挙区に統合して定数2（改選定数1）の選挙区をつくれば，議員1人あたりの有権者が増え，1票の格差は最大で北海道と香川県の2・78倍に抑えることができる。

　複数の県が1選挙区となることで，すべての県で代表を出せなくなるため，現職議員が反発するのは必至だ。「政策論争ではなく，地域対立になる」との懸念もある。

　また，合区の組み合わせはいくつも想定されるため，調整が難航する可能性が高い。

第1章 背中押す「1票の格差」判決

■都道府県単位を維持したまま格差を3倍未満に抑えると都市部の定数が増える

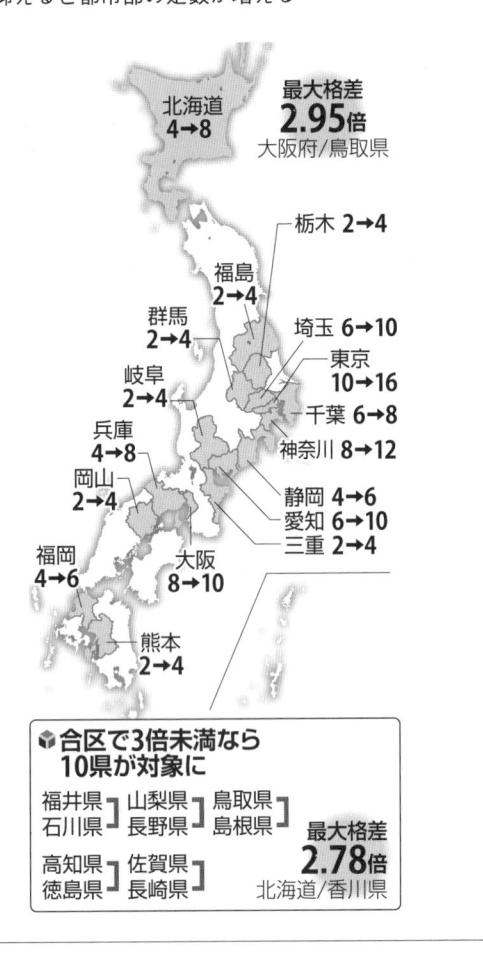

北海道 4→8

最大格差
2.95倍
大阪府/鳥取県

栃木 2→4
福島 2→4
群馬 2→4
埼玉 6→10
東京 10→16
岐阜 2→4
千葉 6→8
神奈川 8→12
兵庫 4→8
岡山 2→4
静岡 4→6
愛知 6→10
三重 2→4
福岡 4→6
大阪 8→10
熊本 2→4

🔹合区で3倍未満なら10県が対象に

福井県 ┐ 山梨県 ┐ 鳥取県 ┐
石川県 ┘ 長野県 ┘ 島根県 ┘

高知県 ┐ 佐賀県 ┐
徳島県 ┘ 長崎県 ┘

最大格差
2.78倍
北海道/香川県

第2章
13年最高裁判決はこう読む

　衆院選の「1票の格差」を巡る最高裁判決は，選挙制度の現状をどう分析し，何を求めているのか。2013年11月20日の判決は，違憲状態とした。選挙制度改革に関して国会の裁量権を幅広く認める一方，さらなる改革の努力を求めていることが柱となっている。今回の最高裁判決は，13年参院選の1票の格差を巡る各高裁や高裁支部の判決にも影響を与えたものとみられる。参院の1票の格差を巡っては，14年夏以降に最高裁判決が言い渡される見通しだが，今回の判断が基準となる可能性が高い。最高裁の13年判決のポイントを整理する。

第2章　13年最高裁判決はこう読む

1 「1票の格差」判決の仕組み

「違憲」と「違憲状態」

2013年11月20日午後，最高裁の大法廷。前年12月に行われた衆院選の「1票の格差」をめぐる訴訟で判決が下された。裁判長を務める竹崎博允長官は，判決文を静かな口調で朗読した。

「本件選挙（12年衆院選）の区割りは，前回（09年衆院選）と同様に憲法が求める投票価値の平等に反する状態にあったが，合理的期間内に是正がされなかったとは言えず，憲法の規定に違反するものと言うことはできない」

訴訟は，山口邦明弁護士と升永英俊弁護士の2グループが，12年衆院選の小選挙区選は違憲だとして，計19都道府県・31選挙区の選挙無効（やり直し）を求めたものだ。最高裁は11年3月の判決（以下，11年判決）で，09年衆院選の区割りを「違憲状態」にあると認定し，格差の主な原因として，小選挙区を都道府県ごとにまず1議席を配分し，残りを人口比例で配分する「1人別枠方式」の廃止を求めていた。

しかし，12年衆院選は，09年と同じ区割りのまま行われた。国会は2012年11月の解散直前に1人別枠方式の規定を法律から削除し，小選挙区定数を「0増5減」して区割りを見直す選挙制度改革法を成立させたものの，区割りの見直し自体は直後の衆院選に間に合わなかったためだ。

弁護士グループによる「1票の格差」訴訟は計16件にのぼった。各高裁の判断は分かれた。広島高裁と同高裁岡山支部は，戦後初となる「違憲（憲法違反）・選挙無効」の判決を下し，厳し

1 「1票の格差」判決の仕組み

■衆院の「1票の最大格差」と最高裁の判断

選挙を実施した年	最大格差（倍）	最高裁の判断
1972	4.99	違憲
80	3.94	違憲状態
83	4.40	違憲
86	2.92	合憲
90	3.18	違憲状態
93	2.82	合憲
96	2.31	合憲
2000	2.47	合憲
05	2.17	合憲
09	2.30	違憲状態
12	2.43	違憲状態

い姿勢を示した。

　広島高裁は，衆院選挙区画定審議会（区割り審）が衆院選直前に成立した選挙制度改革法に基づき，区割りの改定作業に着手から1年後の2013年11月26日をもって選挙無効とするとし，岡山支部はさらに踏み込んで即時無効という過激なものだった。残る14件のうち東京高裁など12件では「違憲・選挙有効」の判決が出され，名古屋，福岡両高裁は「違憲状態・選挙有効」との判断を示した。すべての訴訟は上告され，最高裁が統一判断を下すことになった。

　最高裁では，1票の格差が最大4・40倍となる中で行われた1983年衆院選を巡り違憲との判決が下されて以来，違憲判決は出ていなかった。しかし，12年衆院選をめぐる16件の高裁判決では，計14件で違憲判断が示されたことから，「最高裁でも違憲判決が出るのではないか」と予想する向きは少なくなかった。司法関係者の間では，「違憲状態の判断では最高裁の姿勢が疑問視

41

されかねない」(元最高裁判事の藤田宙靖・東北大名誉教授, 2013年11月18日読売新聞朝刊) などと, 厳しい判決を促す意見もあった。

> ⑦ 補足の意見
>
> 最高裁判所は, 裁判所法により, 他の下級裁判所と違って判決では裁判官ごとに「意見」を表せる。裁判の結論となる多数裁判官の意見としての「法廷意見」のほか, 多数意見の結論に賛成する立場から付随的な説明などを付け加える「補足意見」, 多数意見に同意しつつもその理由 (判断過程) で見解が異なる「意見」, そもそも結論自体が多数意見とは違う「反対意見」がある。

違憲はどうやって判断されるか

過去の判例を見ると, 1票の格差訴訟をめぐる司法の判断には基準がある。①選挙の区割り (定数配分) が選挙の時点で違憲状態にあるかどうか②国会が格差是正の実現に必要な期間 (合理的期間) までに是正したかどうか——の二つだ。最高裁の判例では, 区割りが違憲状態にあったにもかかわらず,「合理的期間を過ぎるまでに格差が是正されなかった」あるいは「国会が格差是正の努力を怠った」と認められれば「違憲」と判断されている。

違憲とされた場合, その選挙の効力を認めず,「やり直し」を命じることもできる。これが, いわゆる「選挙無効」の判断だ。

最高裁大法廷では, 12年衆院選をめぐり, 選挙制度改革法の国会審議に関与した山本庸幸裁判官を除く14人の裁判官で審議が行われた。裁判官のうち3人は, 最終的な結論として「違憲」との見解を示したが, 竹崎長官を含む11人が「違憲状態」にあるとし, 多数意見となった。

こうして出された13年判決は, 12年衆院選の1票の格差について「憲法が求める投票価値の平等に反する状態にあったが, 憲

1 「1票の格差」判決の仕組み

■「1票の格差」訴訟における司法の判断プロセス

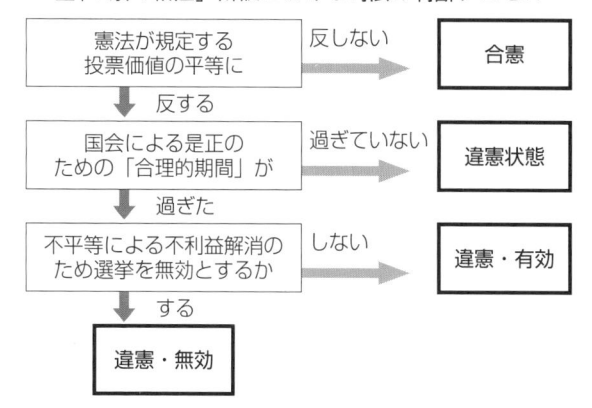

```
┌─────────────────┐
│ 憲法が規定する      │ 反しない
│ 投票価値の平等に    │ ──────→ 合憲
└─────────────────┘
     ↓ 反する
┌─────────────────┐
│ 国会による是正の    │ 過ぎていない
│ ための「合理的期間」が │ ──────→ 違憲状態
└─────────────────┘
     ↓ 過ぎた
┌─────────────────┐
│ 不平等による不利益解消の │ しない
│ ため選挙を無効とするか  │ ──────→ 違憲・有効
└─────────────────┘
     ↓ する
┌──────────┐
│ 違憲・無効 │
└──────────┘
```

■2012年衆院選「1票の格差」に関する最高裁裁判官14人の判断

竹崎博允（裁判官）	△
桜井龍子（行政官）	△
金築誠志（裁判官）	△
千葉勝美（裁判官）	△
横田尤孝（検察官）	△
白木勇（裁判官）	△
岡部喜代子（学者）	△
大谷剛彦（裁判官）	×
寺田逸郎（裁判官）	△
大橋正春（弁護士）	×
山浦善樹（弁護士）	△
小貫芳信（検察官）	△
鬼丸かおる（弁護士）	△
木内道祥（弁護士）	×

△＝違憲状態，×＝違憲
※（ ）内は出身。鬼丸裁判官は理由が多数意見と異なる

43

法の規定に違反するものとは言えない」と結論づけている。つまり，①については「違憲状態」にあると判断する一方，②については，選挙制度改革法の成立を「一定の前進」と評価し，国会が合理的期間内に是正努力を怠ったわけではない——と判断したのだ。

判決は「違憲状態」にとどまった。このため，選挙無効の可否にも踏み込まなかった。

2 四つの論点

1票の格差はどこまで許されるのか

では，13年判決は具体的にどのような判断に基づいて出されたのだろうか。四つの論点に絞って検証する。

最大格差が2・43倍だった12年衆院選の小選挙区の区割り（定数配分）は，憲法に反する状態にあったのかどうか。13年判決は前回の09年選挙と同様に憲法に反していたと言及している。合憲と判断した裁判官は1人もいなかった。

1票の格差をめぐっては，たとえわずかであっても許されないとする見方がある。有力な根拠の一つは，「法の下の平等」を定めている憲法14条だ。13年判決では，鬼丸かおる裁判官が「（憲法は）国民の投票価値をできる限り1対1に近い平等なものとすることを基本的に保障しているものというべきだ」との個別意見を表明した。11年判決でも同様の個別意見が出された。

しかし，最高裁判決では投票価値の「完全な平等」の実現まで

は求めてはいない。むしろ、一定程度の1票の格差が生じることを容認している。衆参両院の選挙区選では、都道府県や市町村の境界を基に、地域事情などにも配慮して選挙区を決めている。こうした枠組みを維持する限り、選挙区内の有権者数を均一にすることは事実上、不可能だからだ。

では、一体、何倍までなら格差は許されるのか。

最高裁はこれまで、「国会において通常考慮しうる諸般の要素を斟酌してもなお、一般に合理性を有するものとは考えられない程度に達している」という大まかな判断基準を示したものの、明確な数値を示してこなかった。中選挙区制の下では、1票の最大格差は3倍までが目安とされた。小選挙区比例代表並立制導入後も96年（2・31倍）、2000年（2・47倍）、05年（2・17倍）の衆院選で、選挙区割りの規定と基準が合憲とされたことから、「小選挙区制下でも最大格差は3倍が許容されている」との見方が強かった。

しかし、最高裁は11年判決で、格差が3倍未満の2・30倍だった2009年衆院選について憲法違反の状態にあるとの判断を示した。最高裁は11年判決で、衆院議員選挙区画定審議会設置法3条1項の条文について「投票価値の平等に配慮した合理的な基準を定めたもの」と言及し、評価している。3条1項は選挙区間での格差が最大2倍未満になることを基本に区割りするよう定めている。このため、現在では格差「2倍未満」を一つの基準とする考え方が有力となっている。12年衆院選が、違憲状態と判断されたのは、最大格差2・43倍が「2倍」を上回っていたことが一因とみられる。

最高裁が1票の格差に、あくまで数値的な基準を明示しないことについて、最高裁の岩井伸晃、小林宏司両調査官は「憲法の投票価値の平等の要求の制約となる要素として、国会において考慮

された事情に，その制約を正当化し得る合理性があるか否か，という質的な観点が問題」とされると解説している（ジュリスト1428号61頁）。つまり，最高裁は最大格差の数値だけを物差しに合憲か違憲かを線引きするのではなく，様々な事情をその都度，総合判断していくということだ。しかし，明確な基準が示されなければ，国会がどこまで格差是正の努力を行えばよいのか，わからない面もある。選挙制度改革をめぐる与野党の議論が「区割りの一部見直しか，それとも抜本改革か」で揺れるのは，この点にも理由がある。

国会の裁量権はどこまで認められるのか

「裁判所において，投票価値の平等の観点から憲法上問題があると判断したとしても，自らこれに代わる具体的な制度を定め得るものではなく，その是正は国会の立法によって行われることになるものであり，是正の方法についても国会は幅広い裁量権を有して（いる）」

13年判決は，1票の格差是正をめぐる国会と司法のあり方についても，多くの分量を割いて言及した。選挙制度の具体的な見直しについては，国会が主導的立場を担うべきであり，司法はあくまでチェック機関に過ぎないとの立場を強調したものだ。

判決は「憲法は，選挙権の内容の平等，換言すれば投票価値の平等を要求しているものと解される」としたうえで，「選挙制度の仕組みを決定する絶対の基準ではなく，国会が正当に考慮することのできる他の政策的目的ないし理由との関連において調和的に実現されるべきもの」だと強調。区割りを決める際は，議員1人あたりの有権者数が最も重要かつ基本的な基準になるとしつつ，それ以外の要素も「合理性を有する限り，国会において考慮する

ことが許容されているものと解される」と明記した。

　最高裁は1976年，中選挙区で最大格差が4・99倍に開いた72年衆院選をめぐる選挙無効訴訟で，違憲判決（以下，76年判決）を下した。衆院選について初めて憲法違反と判断された節目の判決であり，その後の衆参両院選挙における1票の格差訴訟に大きな影響を与えた。

　76年判決は，1票の格差是正について，こう記している。

　「原則として，国会が正当に考慮することのできる他の政策的目的ないしは理由との関連において，調和的に実現されるもの（である）」

　人口に応じた定数配分が「最も重要かつ基本的な基準」ではあるものの，あくまで相対的な基準であるとの考え方だ。国会は，選挙制度の具体的な設計や区割りの決定を憲法上委ねられており，投票価値の平等については，それ以外の様々な要素を考慮する中で，全体として調和が取れていればよい——との姿勢がにじむ。この76年判決により，司法が具体的な選挙制度の設計について国会に要請したり，誘導したりするものではないとの判例も確立した。その後の1票の格差訴訟では，こうした投票価値の平等に関する考え方を踏襲する格好で判決が出された。

　しかし，11年判決は「衆院はその機能，議員の任期及び解散制度の存在を考慮すると，常に的確に国民の意思を反映することが求められており，投票価値の平等についてより厳格な要請があると言わなければならない」とし，選挙区の区割りについて「1人別枠方式」の廃止に言及するなど，踏み込んだ。

　高見勝利上智大教授は，この11年判決には，ある見解が大きな影響を与えたと見る。04年1月に出された，01年参院選をめぐる1票の格差訴訟の判決。そこに記された，多数意見を構成した9人のうち4人の裁判官による「意見」は，立法府に広範な裁

第2章　13年最高裁判決はこう読む

量を認めてきた点を見直し，国会は憲法の趣旨に沿って適切に裁量権を行使する「義務」も有するとした。高見教授は，この意見について，「国会の裁量権行使に『司法的統制』を加えようとしたもの」であり，以後の同種訴訟に影響を与え，11年判決も，この考え方に沿ったものだと分析している（論究ジュリスト5号19-20頁）。

11年判決をめぐっては，「司法が選挙制度のあり方にまで介入すべきことではない」（自民党幹部）などと批判的な声が少なくなかった。13年判決は，こうした経緯も踏まえ，「(11年判決で)いったん逸れてしまった軌道を修正しようとした」（細野敦・元東京高裁判事，WLJ判例コラム第18号＝ウエストロー・ジャパン株式会社ホームページ）との見方がある。一方，「最高裁は，国民の権利よりも，国会議員の利害や，国会の裁量権に配慮しすぎている印象も受ける。もっと厳しい態度を示すべきだった」（高橋和之・明治大教授，13年11月21日読売新聞朝刊）とする声もある。

13年判決は，過去の判決と同様に有権者数以外に考慮できる要素も具体的に示した。基本的な区割りの単位は「市町村」とし，さらに①地域の面積②人口密度③住民構成④交通事情⑤地理的状況——などの「諸要素」を考慮して決めるべきだとした。

こうした基準は，区割り審がすでに取り入れているもので，追認したものと言える。区割り審の村松岐夫会長は国会答弁で，「選挙区は飛び地にしないこと，市区町村や郡の区域は原則として分割しないこととし，市区の人口が人口基準の上限人口を超える場合等やむを得ない一定の場合に限り分割することができること，地勢，交通その他の自然的社会的条件を総合的に考慮すること」を基本にしたと説明している。

Column 3

◀論調わかれる3紙▶

　選挙制度改革は各紙の社説でもたびたび取り上げられている。12年衆院選に関する13年11月の最高裁判決も各紙が取り上げたが，全国紙の論調は割れた。

　読売新聞は「選挙制度を巡る国会の裁量権を最大限に尊重した」として，「『1票の格差』の是正を絶対視せず，地域事情に配慮する必要性を認めたのは，現実的かつ極めて妥当な判断である」と高く評価した。最高裁が投票価値の平等について，「選挙制度の仕組みを決定する絶対の基準ではない」との見解を示したことなどを受けた判断だ。

　これに対し，朝日新聞は「違憲と断じるべきだった」「不可解なのは，最高裁が今回の判決で，1人別枠の問題は解決されていないとしつつ，そんな国会を許容したことだ。寛容すぎると言わざるを得ない」と判決を批判した。最高裁が国会の幅広い裁量権を認めたことについて「それを言い出せば，最高裁に違憲審査権が与えられている意味がない」と指摘した。

　毎日新聞も「最高裁の消極的な姿勢は疑問だ。政治への配慮が，国会の怠慢を許すことに明らかにつながっているからだ」と判決を厳しく批判した。違憲審査権についても朝日新聞と同様に「より厳格に憲法秩序を守る方向で審査権を行使するのが筋ではないか」と主張した。

　ただ，各紙とも選挙制度改革の必要性では足並みがそろった。「改革を急がねばならない。自らできないのなら潔く第三者の手に委ねるべきだ」（朝日新聞）などとして，有識者による議論で改革を進める方向では，読売新聞と朝日新聞の論調は共通している。毎日新聞は第三者機関の設置について「丸投げでは話が進まないし，無責任だ」と指摘した。

国会は努力したのか

　13年判決の三つ目の論点は，国会が11年判決から12年衆院

第2章　13年最高裁判決はこう読む

選までの1年9か月，1票の格差是正に向けて努力してきたか否かだ。12年11月16日，衆院小選挙区を「0増5減」する選挙制度改革法が成立した。しかし，同法に基づいて具体的な区割りを行う余裕はなく，12年衆院選は最高裁から「違憲状態」と指摘された従来の選挙区のまま行われた。各高裁の判決では「国会の怠慢。司法の判断に対する甚だしい軽視というほかない」（広島高裁岡山支部）などとする厳しい指摘が出た。

しかし，最高裁の13年判決は「単に期間の長短」だけで判断するべきではないと強調している。違憲かどうかの判断基準は「是正のために採るべき措置の内容，そのために検討を要する事項，実際に必要となる手続や作業等の諸般の事情を総合考慮して，国会における是正の実現に向けた取組が司法の判断の趣旨を踏まえた立法裁量権の行使として相当なものであったといえるか否かという観点から評価すべきものと解される」と説明した。

目に見えた前進がなくとも，格差是正に向けた各党の水面下の努力や，立法化に向けた作業が行われていれば，一定程度は評価されるべきとの立場を示したものだ。選挙制度改革は各党の利害が交錯する中，合意点を見つけるのが難しいという現状を踏まえた判断と言える。

11年判決が出て以降，国会では1票の格差是正をめぐり，与野党協議が断続的に行われてきた。参院で野党が過半数を占める「ねじれ国会」の下では，野党の一部の合意が得られなければ，法改正を実現することは難しい。各党の消長に直結する選挙制度の法改正を，与党が単独で進めれば党利党略との批判を浴びかねない。

最高裁は「諸事情」を総合的に判断すれば「一定の前進」だと評価できるとした。さらに，今回のような「漸次的（＝段階的な）な見直しも国会の裁量に係る現実的な選択として許容されてい

る」とし，一連の国会の取り組みが「立法裁量権の行使として相当なものではなかったということはでき」ないため，合理的期間を過ぎるまで是正努力を怠ってはいないと理解を示した。簡単には割り切れない政治の実情を司法が酌み，違憲判断を避けたと言える。

一方，最高裁の3人の裁判官は，政治的な事情に配慮することに反対の立場から意見を述べた。大谷剛彦裁判官は，国会の政治情勢などの事情があることも認めつつも，「通常必要とされる合理的期間を超えて是正を行わなかったことを許容する正当な理由になり得るとは言い難い」と指摘した。大橋正春裁判官は，11年判決直後から法改正作業が真剣に行われていれば，「約1年9か月の間に区割規定の改正は十分に可能であった」とし，11年判決後，約7か月たって各党協議会での議論が開始されたことも挙げて，「立法の遅れを正当化する事情を認めることができない」と断じた。木内道祥裁判官も「国会が立法府として合理的に行動する限り」，約1年9か月あれば区割りを変更する法改正は可能だとの認識を示している。

ところで，なぜ，1票の格差是正には「合理的期間」という時間的な猶予が与えられるのだろうか。76年判決では「選挙区割りと議員定数の配分を頻繁に変更することは必ずしも実際的ではなく，また，相当でもない」としている。是正措置のために国会が考え，対応する時間は憲法上認められ，その間は直ちに違憲判断は下さないという考え方に基づいているためだ。

1人別枠方式

四つ目の論点が1人別枠方式への評価だ。

13年判決は「憲法の投票価値の平等の要求に反する状態を解

消するためには，1人別枠方式を廃止し，都道府県への定数配分を見直して多数の選挙区割りを改定することが求められた」とした。1人別枠方式に合理性がないとする見解は，11年判決と同様だ。1人別枠方式は，投票価値の平等をある程度犠牲にして，人口が少ない地域に議員定数を手厚く配分する制度だが，11年判決では，同方式に投票価値の平等を犠牲にするほどの合理性はなく，不合理な同方式から生じる2倍以上の最大格差にも合理性はないとして，違憲状態判決を導いた。

さらに，1人別枠方式を巡り，与野党が定数削減と選挙制度の抜本改革を絡めて議論した経緯にも言及し，「この問題の解決に向けての議論を収れんさせることを困難にする要因となったことも否定しがたい」と指摘している。

1人別枠方式は，当初から「不合理な規定」だと判断されていた訳ではない。

1人別枠方式は，1994年の小選挙区比例代表並立制の導入に合わせて採用された。同制度の導入を提案した第8次選挙制度審議会の答申では，都道府県に対し人口比例で定数を配分することを原則としたが，その後，海部内閣が具体案を作成した際に1人別枠方式が採用された。いわば「政治判断」の産物だ。

11年判決までの最高裁の判例などによると，1人別枠方式の意義は，中選挙区制から小選挙区比例代表並立制への変更に伴い，①人口の少ない地域（過疎地域）の生活実態や意見が国政に反映されづらくなるという「過疎地域への配慮」②過疎地域などの定数が急激に削減されることによる国政の連続性への配慮や，削減対象地域から選出されている議員への配慮なくして選挙制度改革が進められないとの政治プロセス面の実情から来る「激変緩和」——の二点が挙げられる。

1票の格差をめぐる07年判決は，過疎地域への配慮について

一定の理解を示し、1人別枠方式の合理性を認めた。だが、11年判決では一転して、国会議員は「全国民の代表として国政に関与する」ことが要請されており、過疎地域への配慮は「ことさらに地域間の投票価値の不平等を生じさせるだけの合理性があるとはいい難い」と否定している。

　11年判決は1人別枠方式の「激変緩和」措置としての役割についても「おのずからその合理性に時間的限界がある」とした。13年判決は、11年判決の論旨を再掲した上で、小選挙区比例代表並立制が94年に導入されて以降、96年の衆院選以来、11年判決時点で5回の選挙を経て同制度は定着しており、1人別枠方式が担ってきた激変緩和措置としての役割は「合理性が失われた」としている。1人別枠方式は当面の間は合理性があったが、15年以上たち、それを認めることはできないというわけだ。

　一方、自民党は「小選挙区定数を『0増5減』する区割り法（改正公職選挙法）で、1人別枠方式は廃止された」と主張している。実際、1人別枠方式に関する区割り審設置法の規定は、12年衆院選の直前に行われた法改正によって削除された。しかし、12年衆院選をめぐる広島高裁岡山支部の判決は「1人別枠方式による定数配分を基礎としたものに過ぎない」などと切り捨てた。0増5減の対象県以外の定数は、1人別枠方式に基づく過去の定数を維持しているからだ。13年の最高裁判決も「1人別枠方式に基づいて配分された定数がそのまま維持されている。最大格差を2倍未満とする法の趣旨に沿った選挙制度が十分に実現されているとは言え」ないと指摘した。さらに、今後も人口変動によって格差が2倍以上となる選挙区が増加する可能性を懸念し、「1人別枠方式の構造的な問題が最終的に解決されているとは言えない」と厳しく指摘している。

第 2 章 13 年最高裁判決はこう読む

3 改革の今後

制度改革なお求める

　総務省の住民基本台帳（2013 年 3 月末現在）に基づいて，読売新聞が衆院小選挙区の 1 票の格差を試算したところ，兵庫，東京，愛知，北海道，埼玉，神奈川，静岡の計 7 都道府県 9 選挙区が，人口最少の選挙区（宮城 5 区）の 2 倍以上に達した。住民基本台帳の人口と選挙時の有権者数は，未成年者や外国人の割合によっても異なるため，厳密に 1 票の格差を算出することはできない。13 年判決で指摘された通り，このまま定数配分や区割りを見直さなければ，次回 2020 年の国勢調査では 2 倍超の選挙区が続出する可能性が高い。

■ 1 票の格差が大きい選挙区

	選挙区	格差
1	兵庫 6 区	2.097
2	愛知 12 区	2.038
3	北海道 1 区	2.037
4	兵庫 7 区	2.030
5	埼玉 3 区	2.017
6	東京 19 区	2.016
7	東京 23 区	2.015
8	神奈川 13 区	2.011
9	静岡 5 区	2.010
10	埼玉 2 区	1.994

※上位 10 位。小数点第 4 位以下は四捨五入
※ 2013 年 3 月末現在の住民基本台帳に基づいて試算

3 改革の今後

　13年判決は，11年判決と比べれば選挙制度の決定や是正における国会の裁量を広く認める姿勢が強いものの，「0増5減」後もなお，1人別枠方式が実質的に維持されていると見ており，一連の高裁判決にも，そうした見方が多い。

　最高裁は13年判決の主文の最後で，「国会では今後も選挙制度の整備に向けた取り組みが着実に続けられる必要がある」と念を押した。「違憲判決」を回避したのは中間的な評価であり，定数配分の是正を含む早急な選挙制度改革の実行を求めていると言える。法曹関係者には「次回衆院選までに1人別枠方式の実質的廃止も含めた制度改革が進まなければ，違憲判断が出かねない」との懸念が広がっている。

　ただ，1人別枠方式を廃止して1票の価値の平等を優先することには，慎重意見も根強い。11年判決をめぐっては，古田佑紀裁判官が個別の意見として，「議員の定数について，人口密集地帯と人口減少地帯とのバランスを図ることは政治における妥当性に属する事柄であり，1人別枠方式を国会の裁量の範囲内として合憲としてきた判断を変更すべき理由は認められない」と言及した。

⑧住民基本台帳

　住民の氏名，生年月日，性別，住所などを記載した台帳。住民票の交付のほか，介護保険，国民年金，児童手当などの受給資格の確認，印鑑登録など住民サービスに利用されている。選挙の際，台帳に記録のある20歳以上の住民は有権者として選挙人名簿に登録される。個人情報保護のため，2008年の法改正で，住民票の写しなどを取得する際，本人確認や第三者らによる取得要件などが厳格化され，不正取得への罰則も強化されている。

> #### ⑨国勢調査
>
> 国内の人口や世帯，産業構造などを地域別に明らかにするため，統計法に基づいて国が行う調査。回答が義務付けられており，個人情報保護法の適用外になっている。「大規模調査」と「簡易調査」があり，5年ごとに交互に行う。大規模調査の結果は衆院小選挙区の区割りなどを決める「法定人口」として利用され，次回は2020年に行われる。

「将来効」言及の意見も

13年判決では違憲判断が下されなかったため，12年衆院選を無効とするか否かについては，本格的に検討されていない。大橋裁判官は意見の中で，国会での選挙区割り見直しなどの作業を終えた後で無効の効果を発生させる「将来効判決」により弊害を避けることも可能だとした。

司法が判決で「選挙無効」を宣告することについては，国会議員が失職後に再選挙するまでの間，新たに区割りを行うことが難しいことから，違憲状態のまま再選挙を行わざるを得ないなど，問題点が指摘されている。「選挙無効で失職した前議員だけが，新たな区割りの設定など必要な法改正作業に関われない」との指摘もある。

3 改革の今後

Column 4

◀国によって違う区割り見直しの時期▶

　多数代表制を採用している国では，人口の増減に応じた区割りの見直しが欠かせない。日本では，衆院選挙区画定審議会が行っているが，多くの国で独立した第三者機関が担当している。ただ，見直す間隔は国によって異なる。国立国会図書館の調べでは，日本と同様に国勢調査などに基づき10年に1度程度行われる国が多いが，選挙ごとに行う国もある。一定期間ごとに見直すことが義務づけられている国が多い。

　国勢調査結果を受けて10年ごとに行うのが米国だ。

　英国は5年ごとに裁判官などが入った専門の委員会が区割りの見直しを行う。各地で公聴会を開くなど長期間かけて決定する代わりに，有権者は違憲かどうかを裁判で争えない。

　間隔が比較的短いのがドイツだ。連邦議会選挙後の最初の議会開会から15か月以内に裁判官らによる委員会が検討する。

　フランスは区割り見直しの間隔に関する規定がかつてはあったが，現在は廃止されている。

　日本では市町村の単位を基準にした区割りが行われている。国立国会図書館の佐藤令調査員は「アメリカ以外の国は，行政区画を尊重して区割りする方式が標準的だ」と指摘している。

　また，日本では選挙区内の人口もしくは有権者数の最少と最多を比べる「1票の格差」が基準だが，海外では，議員1人あたりの人口や有権者数の平均から，どれだけ差があるかを基準とする国が多い。フランスでは「20％以上の差があってはならない」と定められている。

第3章
現行制度の功罪

　衆院選で採用されている小選挙区比例代表並立制は，各選挙区の最高得票者だけが当選する小選挙区選と，各政党の得票数に比例して議席を配分する比例選を組み合わせた仕組みだ。1994年に小選挙区比例代表並立制の導入が決まってから20年。この間，本格的な政権交代が2009年と12年の2回起きた。政権交代可能な政治システムや，政治とカネの問題の多発を防ぐという改革の目的は達せられたかのようにも見える。

　しかし，並立制をめぐっては，各党の政策が大衆迎合（ポピュリズム）的になったり，選挙のたびに同一政党の議席が大きく変動したりするなど，様々な問題点も浮かんできた。本章では，衆参両院の現行選挙制度の問題点を洗い出してみる。

第3章　現行制度の功罪

1 並立制の特徴

小選挙区が6割強

2013年6月24日，衆院本会議。衆院小選挙区定数の「0増5減」を実現する区割り法（改正公選法）が自民党などの賛成多数で成立し，新たな衆院の総定数は475（小選挙区295，比例180）となった。定数475のうち，小選挙区が占める割合は6割強。つまり，現行制度は小選挙区選を中心とした制度だと言える。

小選挙区制の長所は，各政党が擁立する候補者が1選挙区につき1人ずつとなるため，各党が掲げる公約を中心とした政策本位の選挙になり，有権者による「政権選択」がしやすい点にある。民意が集約され，安定した政権が誕生しやすいのも特長だ。政権与党が失政で有権者の信頼を損ねれば，選挙での政権交代につながり，政治に緊張感も生まれるとされた。

日本では1947年から1993年の衆院選まで，一つの選挙区から2～6人が当選する中選挙区制を採用していた。各党が一つの選挙区に複数の候補者を擁立することも可能で，有権者は各党の政策に加え，候補者個人の実績や能力などを基準に投票できた。

ただ，同じ党の候補者同士は選挙戦で政策の違いを打ち出せず，有権者に対するサービス合戦に陥りがちだった。自民党内では，派閥の所属議員数をいかに増やすかが党総裁のイスを獲得する近道とされ，派閥領袖は選挙資金を提供したり，地元の要望を中央官庁に口利きしたりするなどして，配下の議員の選挙を支援した。これが政官業のつながりを深め，やがては癒着となり，「政治とカネ」の問題が噴き出す。リクルート事件はその象徴だった。

1 並立制の特徴

リクルート事件発覚後の89年,宇野宗佑首相は「第8次選挙制度審議会」を設置し,選挙制度のあり方について諮問した。8次審は90年,衆院の中選挙区制には問題が多すぎるとして,新たに小選挙区比例代表並立制を導入するよう答申した。答申を作成した同審議会第1委員長の堀江湛・慶大名誉教授は「政官業の癒着・腐敗と,カネのかかる政治の温床をぶち壊そうというのが並立制導入の狙いだった」と振り返る。

並立制の導入は非自民連立政権の細川内閣の下で実現する。与野党は激しく対立し,与党内も一枚岩ではなかったが,連立与党と自民党の合意に基づき,衆院に小選挙区比例代表並立制を導入することを柱とした政治改革関連4法を成立させることで細川護熙首相と自民党の河野洋平総裁が合意した。4法は94年1月にいったん成立した後,修正合意に基づく改正法が3月4日に成立し,96年10月20日の衆院選から実施された。

> **⑩リクルート事件**
>
> 広告会社「リクルート」の創業者・江副浩正元会長が不動産会社「リクルートコスモス」の未公開株を政財官界関係者に大量譲渡した事件。1988年に発覚し,政界ルートでは藤波孝生元官房長官らが受託収賄罪で在宅起訴された。当時の竹下内閣は89年6月に総辞職に追い込まれた。江副氏は東京地検特捜部に贈賄罪で逮捕,起訴され,2003年に懲役3年,執行猶予5年の有罪判決が確定した。事件では,江副氏を含む贈賄側4人と収賄側8人の計12人全員の有罪が確定した。

振幅大きい「振り子現象」

しかし,鳴り物入りで導入された小選挙区比例代表並立制も,万能ではなかった。96年以降6回行われた衆院選で,様々な問題点が浮かび上がっている。

第3章　現行制度の功罪

■1～8次の選挙制度審議会に諮問された内容と主な検討結果

内閣	次	日付	内容
池田内閣	1次	1961年6月15日発足	選挙の公明化を諮問 ⇩
		61年12月26日答申	連座制の強化などを答申
	2次	62年11月27日発足	選挙の公明化を諮問 ⇩
		63年10月15日答申	衆院の定数是正で「19増1減」を提案。選挙制度には踏み込まず
佐藤内閣	3次	64年8月29日発足	選挙制度の改善策を諮問
		65年8月26日報告	①小選挙区制②小選挙区比例代表制③中選挙区制限連記投票制一の3案を検討。結論持ち越し
	4次	65年8月30日発足	3次審の議論を継承
		66年8月16日報告	小選挙区比例代表併用制への移行を支持する委員が多数と報告。特別委員の国会議員から反対意見も出たため、結論持ち越し
	5次	66年11月11日発足	4次審の議論を継承 ⇩
		67年11月2日2次答申	小選挙区比例代表併用制など6案はいずれも過半数の支持を得られず、結論見送り。参院の選挙制度改革も結論出ず
	6次	69年5月20日発足	参院選挙制度の改善を諮問 ⇩
		70年5月19日答申	全国区は「比例代表制採用が多数意見だったが、具体案は煮詰められず」と報告。地方区は定数是正が必要と答申
田中内閣	7次	70年12月22日発足	政党本位の選挙を実現するための選挙制度の改善策を諮問
		72年12月20日報告	衆院解散で結論出せず。衆院選は小選挙区比例代表並立制、参院選は全国区に比例代表制を採用する案が多数意見だと報告
宇野内閣	8次	89年6月28日発足	選挙制度と政治資金制度の改革を諮問
		90年4月26日答申	衆院選に小選挙区比例代表並立制の導入を求める
海部内閣		90年7月31日2次答申	参院比例選に「非拘束名簿方式」の導入を求める
		91年6月25日3次答申	並立制導入に伴う300小選挙区の区割り案を提示

1964年6月26日
衆院定数を19増の486に

1982年8月18日
参院選の全国区を廃止し、拘束名簿式比例代表制を導入

1994年1月29日
衆院選に小選挙区比例代表並立制を導入

2000年10月26日
参院比例選に非拘束名簿式比例代表制を導入

※導入・変更は関連法の成立日

1 並立制の特徴

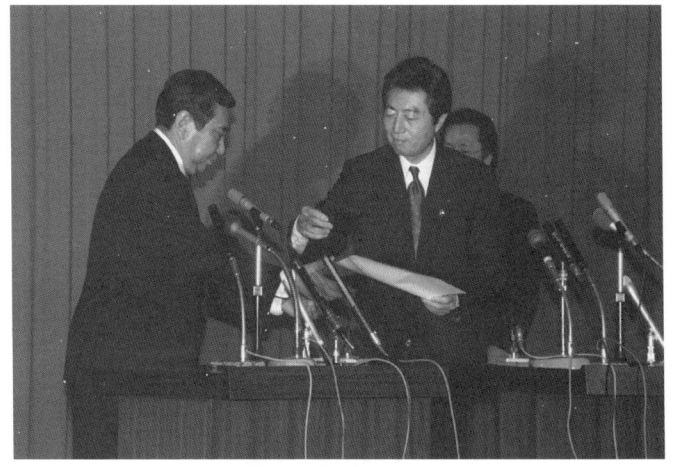

写真9 政治改革を巡り，細川護熙首相（右）とトップ会談の末，未明に合意文書に調印する河野洋平自民党総裁。1994年1月28日撮影。

　第一の問題点は，選挙のたびに同一政党の議席が大きく変動する「振り子現象」だ。小選挙区制は，各選挙区で1票でも多く得票した候補だけが当選する仕組みだ。たとえば，100票のうちA候補が51票獲得すれば，B候補が獲得した49票は意味を失う「死票」となり，B候補は落選してしまう。

　英国でも，ブレア労働党政権が誕生した1997年5月の総選挙（定数659）で，与党・保守党が解散時の321議席からほぼ半減した。18年続いた保守党の長期政権と腐敗に有権者が反発し，変革を望んだためだ。

　日本の小選挙区比例代表並立制は，小選挙区は全体の6割強で，残りは比例代表のため，単純小選挙区制ほどの激変は起こりにくくなっている。とはいえ，政党同士が争う小選挙区制では，党首が人気を集めるなどして世論の「風」を受けると，地盤や看板を持たない新人議員でも当選しやすい。12年衆院選では，自民党

第3章　現行制度の功罪

■過去の衆院選で主な政党が獲得した議席

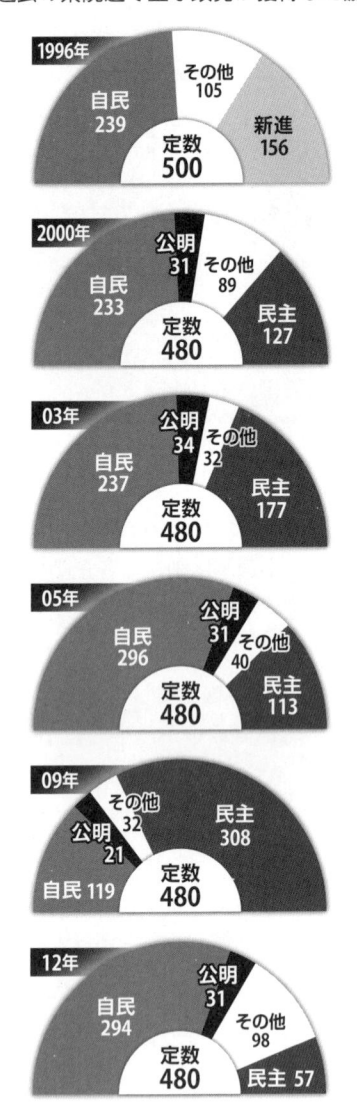

1996年
- 自民 239
- その他 105
- 新進 156
- 定数 500

2000年
- 自民 233
- 公明 31
- その他 89
- 民主 127
- 定数 480

03年
- 自民 237
- 公明 34
- その他 32
- 民主 177
- 定数 480

05年
- 自民 296
- 公明 31
- その他 40
- 民主 113
- 定数 480

09年
- その他 32
- 民主 308
- 公明 21
- 自民 119
- 定数 480

12年
- 自民 294
- 公明 31
- その他 98
- 民主 57
- 定数 480

の総得票数が民主党の1・9倍に過ぎなかったにもかかわらず，小選挙区の自民党の獲得議席は民主党の8・8倍に達した。

　過去3回の衆院選を見ると，第1党では新人候補が軒並み大量当選している。小泉首相（当時）が郵政民営化の是非を問う形で解散を断行した05年は，自民党で83人（比例選出を含む）の新人が当選した。民主党が初めて政権を取った09年は民主党の143人（同），自民党が政権を奪還した12年衆院選も自民党で119人（同）だった。いずれの選挙でも，実績のあったベテラン候補が知名度の低い若手候補に敗れるケースが目立った。自民，民主両党の新人候補たちは「チルドレン」「ガールズ」などと呼ばれ，その軽率な言動が物議を醸す事態も起きた。政界に多様な人材が供給されるようになったとも言えるが，大量当選した新人議員が次の選挙で大量に消えていく現状がくり返されれば，政治経験を積むことはできない。政治家は，当選を重ね，専門知識を深めることで，官僚を使いこなせるようになるが，極度の「振り子現象」は真の政治主導を実現する妨げになっている。

　激戦区でなくても国会議員が地元に縛り付けられ，国政をおろそかにする傾向も顕著になりつつある。選挙での生き残りばかり優先されては，政治不信が増大するばかりだ。

第3章 現行制度の功罪

Column 5

◀新人に敗れるベテラン▶

　小選挙区比例代表並立制の特徴とされる「振り子現象」で，閣僚や党幹部を務めた多くのベテランが他党の若手候補に敗れる例が後を絶たない。

　2005年の衆院選では，岡田代表率いる民主党が公示前勢力（177人）を60議席以上も割り込み，1998年の結党以来，全国規模の国政選で初の惨敗を喫した。中野寛成・前衆院副議長，藤井裕久・代表代行らが落選し，川端幹事長も小選挙区では敗れた。自民党は，小泉首相が掲げる郵政民営化をめぐり分裂，かつての身内と激しい戦いを繰り広げ，その相乗効果で票を伸ばした。自民新人の片山さつき氏ら民営化支持の「刺客」候補が前議員を破って当選を果たした。

　「政権交代」の是非が争点となった09年衆院選では民主党が圧勝，自民党の大物議員が相次いで落選した。山崎拓・前副総裁が，民主党新人の稲富修二氏に敗れたほか，中川昭一・前財務・金融相，丹羽雄哉・元厚相，船田元・元経企庁長官，堀内光雄・元通産相，柳沢伯夫・前厚生労働相，中山太郎・元外相，久間章生・元防衛相らが涙をのんだ。

　12年衆院選では再び民主党に逆風が吹いた。現職閣僚のうち，田中文部科学相（新潟5区），藤村官房長官（大阪7区），樽床総務相（大阪12区），城島財務相（神奈川10区），中塚金融相（神奈川12区），三井厚生労働相（北海道2区），小平国家公安委員長（北海道10区）が小選挙区で敗れ，重複立候補していた比例選でも復活当選を果たせずに落選。国民新党の下地郵政改革相（沖縄1区）も落選した。このほか，仙谷由人・元官房長官，平野博文・元官房長官らも議席を失った。東京18区では，菅前首相が元議員に敗れたが，比例選で辛うじて議席を確保した。

大衆迎合の愚

　小選挙区比例代表並立制の第二の問題点は，各党が選挙で競う政策の劣化だ。

　小選挙区制の導入には本来，「政策本位の政権選択」を定着させる狙いがあった。確かに，各党は従来の公約より詳しい政権公約を掲げて戦うようになったが，ライバル候補より1票でも少なければ落選してしまうため，有権者に負担を強いるような「苦い薬」は訴えにくい。その結果，財源などの実現可能性を無視しても，有権者受けを狙うポピュリズムが横行することになった。

　典型は，民主党が09年衆院選で政権公約（マニフェスト）に掲げた「ばらまき政策」だった。マニフェストには「月額2万6000円の子ども手当」「年金制度を一元化し，月額7万円の最低保障年金を実現」「高速道路の無料化」「ガソリン税，軽油引取税，自動車重量税，自動車取得税の暫定税率を廃止し，2・5兆円の減税を実施」などの公約が年次別の工程表とともに明記された。政策実現に必要な予算額は，政権交代後の4年目で16兆8000億円と試算。その財源は，補助金や公共事業費の削減，特別会計などの「埋蔵金」などから捻出するとした。

> ### ⑪マニフェスト
>
> 　政策の数値目標や実施期限，財源などを具体的に明示した政党の国政選の政権公約。2003年の衆院選から，英国の政党が公表する政策綱領「マニフェスト」にならい，選挙後に実施状況を検証しやすくするために定着した。地方選でも，政党の地方組織や候補者が具体的な公約として「ローカル・マニフェスト」を掲げる例が増えた。

　衆院選期間中から，民主党マニフェストを実現するための財源は確保できるのか，疑問視する声は強かった。しかし，当時の鳩

第3章　現行制度の功罪

■**民主党が断念した政策**

ガソリン税などの暫定税率廃止	実現できず	恒久的な廃止を公約していたが，財源不足で実施は見送られ，2010年参院選公約から削除
八ッ場ダム建設中止	建設継続	建設中止を公約し，政権獲得後に前原国土交通相が建設中止を表明。しかし，流域自治体などから批判を浴び，11年12月に建設を継続する予算を計上すると発表
子ども手当	廃止	中学生以下1人あたり月2万6000円を支給すると公約。政権獲得後，10年度から月1万3000円支給したが，財源不足で全額支給はできなかった。東日本大震災後，自民，公明両党と協議し，名称を児童手当に戻すとともに所得制限を導入
高速道路無料化	凍結	地方の活性化や物流コストの削減を狙った。一部路線で社会実験として実施したが，東日本大震災を受け，復旧・復興の財源とするため，凍結した。
最低保障年金	見通したたず	年金制度を一元化し，月7万円支給することを公約。しかし，野田政権は新年金制度移行までの約40年間は満額支給は困難だとの立場を表明

【民主党改革創生本部第1次報告の要旨】

▽ 2009年衆院選マニフェスト（政権公約）は，立法化の見通しや財源の裏付けが不十分で実現性を欠いた。マニフェストにない政策を打ち出す必要はあったが，国民に丁寧に説明し，理解を求める努力を欠いた。

▽ 最大の問題は，まとまりの無さであった。政党のガバナンス（統治）が未熟だったために個々の議員の能力がチームとしていかされず，大事な時期に最高幹部までが分裂した。組織として決定したことは守るというルールが定着していなかった。

▽ 「普天間（飛行場移設）」「政治とカネ」「消費税発言」から衆院解散時期の見定め等，トップによる失敗の連鎖が続き，期待外れの政権というイメージを与え続けた。

▽ マニフェストは，数値・期限・財源には柔軟性を持たせつつも検証可能な「政策パッケージ」とする。

山由紀夫首相は，2009年9月の就任記者会見で「初年度分の7兆円余りは十分メドが立つ」と強調した。

鳩山内閣は当初，マニフェストを徹底的に順守する構えを示した。鳩山首相は経済界の反対をよそに，09年9月の国連総会で温室効果ガスの25％削減（20年時点，1990年比）を国際公約。10年度予算編成の概算要求は，子ども手当などを盛り込み，過去最大の95兆円にふくらんだ。だが，財源の見積もりの甘さ

写真10 民主党マニフェスト発表会で冊子を披露する民主党の鳩山由紀夫代表。2009年7月27日，東京・千代田区で。

はすぐさま明らかになった。10年度の国の税収見込みは37兆円どまり。無駄遣いに切り込む行政刷新会議の「事業仕分け」の成果は約1・7兆円にすぎなかった。結局，10年度予算編成は，一部のマニフェストの実施見送りと，過去最大となる44兆円超の新規国債発行でしのがざるを得なかった。

沖縄県の米軍普天間飛行場の移設問題では，鳩山首相が確かな見通しもないまま「最低でも県外」に移設すると主張し，外交の基軸である日米同盟を揺るがした。のちに県内移設に回帰したことに沖縄県民は激しく反発し，今なお尾を引いている。

マニフェスト破綻

民主党は，2010年夏の参院選に向け，「政権公約会議」を設置

し，マニフェストの修正に乗り出した。その結果，参院選公約では消費税を含む税制の抜本改革を盛り込み，高速道路無料化を「段階的」に実施とするなどトーンダウン。だが，有権者の批判を恐れ，マニフェストの徹底順守を求める議員も多く，党内は揺れ続けた。

　民主党内では，有権者や業界団体の反発を恐れ，国論を二分する政策に及び腰になる議員が少なくなかった。同党元代表の小沢一郎氏は，民主党政権が進めた消費税率の引き上げに反対し，12年衆院選前に離党届を提出（民主党は除籍処分を決定），嘉田由紀子・滋賀県知事を党首とする「日本未来の党」の結成を主導した。日本未来の党の公約には消費増税反対のほか，原子力発電所の再稼働反対，環太平洋経済連携協定（TPP）の交渉参加反対も明記し，民主党政権に対する批判票の受け皿になることを目指した。しかし，公示前の7分の1の9議席となる大敗を喫した。北岡伸一・国際大学長は「日本未来の党の主張は『究極のポピュリズム』だった。現行の選挙制度は，政党を大衆迎合に走らせやすい」と指摘する。12年衆院選で，エネルギーの需給バランスや日本経済の安定などを考慮し，原発再稼働推進の立場を明確にしたのは自民党だけだった。

> ⑫環太平洋経済連携協定（TPP）
>
> 　2006年にできたチリ，シンガポール，ニュージーランド，ブルネイの4か国の自由貿易圏を母体に，拡大交渉を進めているEPA。農業分野を含めて貿易自由化の例外を設けず，基本的に100％の関税撤廃を目指している。日本は13年7月，安倍政権の下で交渉参加に踏み切った。同年10月には，日米など12か国が参加して，インドネシアで交渉の首脳会合が開かれた。

　民主党は2012年衆院選で政権を失った後，13年2月の党大会で，党改革に向けた総括文書（党改革創生本部第1次報告）を決定

した。文書では09年衆院選のマニフェストについて「立法化の見通しや財源の裏付けが不十分で実現性を欠いた」とし,「マニフェストにない政策を打ち出す必要はあったが,国民に丁寧に説明し,理解を求める努力を欠いた」と過ちを認めた。その上で,マニフェストは今後,「数値・期限・財源には柔軟性を持たせつつも検証可能な『政策パッケージ』にする」とした。

　重複立候補制度の分かりにくさを指摘する声も根強い。野中尚人学習院大教授(現代日本政治論)は「各政党は,比例選の候補者に対し当選の優先順位を付けるべきで,重複立候補の惜敗率で決めるのは政党の責任放棄だ」と指摘する。

　一方,現行制度導入時に理想像として語られた,「民意の集約」による2大政党化は進んでいない。中小政党が比例選で議席を死守し,政党の集約が進まないためだ。国会議員としての生き残りを懸け,選挙直前に与党を離党して新党を結成する日本未来の党のような例も相次いだ。12年衆院選では,現行制度では最多の12党が候補を擁立した。

2　「ねじれ」国会と決められぬ政治

「強すぎる参院」の悲劇

　国会議事堂に隣接する国立国会図書館6階の食堂に,看板メニューがあった。牛丼とカレーを半分ずつご飯にかけ,中央には温泉卵。甘辛い味付けの牛丼を「政策の詰めが甘い自民党」に,スパイスの利いたカレーを「辛口の民主党」に,温泉卵を「国

第3章　現行制度の功罪

■参院の強すぎる権限が政治の混乱を招いてきた

1990年3月26日	衆院で可決した補正予算案が参院で否決され，予算を巡って戦後初の両院協議会が開かれた
98年9月28日	金融再生関連法案の修正協議で，野党の修正案をほぼ丸のみする前代未聞の決着
2008年3月19日	日本銀行新総裁の人事案が，参院第1党の民主党などの反対によって否決され，総裁は一時，空席に
4月1日	ガソリン税などの暫定税率維持を含む税制関連法案が，民主党などの反対で4月1日までに成立せず，暫定税率が同日失効。暫定税率を復活させる税制関連法が与党など衆院の3分の2以上の多数で再可決。5月1日からガソリン価格が再値上げされた
6月11日	福田首相に対する問責決議が可決
09年7月14日	麻生首相に対する問責決議が可決
11，12年	赤字国債発行に必要な特例公債法案が，野党第1党の自民党などの反対で前年度中に成立せず，地方交付税交付金の自治体への支払いが延期されるなど国民生活に影響も
12年8月29日	野田首相に対する問責決議が可決
13年6月26日	安倍首相に対する問責決議が可決

民」に，それぞれ見立てた，その名も「国会丼」だ。販売開始は，自民党が政権与党だった2008年4月。衆参両院で多数派が異なる"ねじれ"で，「決められない政治」が深刻化した頃だった。考案者で食堂運営会社ニッコクトラストの土切博さんは「カレーと牛丼だけだと味がケンカするのに，卵を混ぜるとマイルドになる。自民も民主も『持ち味』ばかり主張せず，国民の声を取り入れて柔軟に政治を進めてほしい」との願いを込めたという。

2013年参院選で自民党が圧勝し，ねじれが解消される直前の同年3月，食堂を運営する会社が変わり，「国会丼」は姿を消したが，多い時で200杯も売れた。読売新聞社の全国世論調査によると，参院選の結果，自民，公明の与党が参院で過半数を確保し，衆参の「ねじれ」が解消したことを「良かった」と答えた人は

61％に上り、「良くなかった」の25％を大きく上回った。

ねじれ国会の歴史

「強すぎる参院」が日本政治にもたらした弊害も目立った。参院の存在が最も重みを増したのが、衆院で多数を握って発足した内閣が参院では過半数を得られない「ねじれ国会」になった時だ。

衆参両院がねじれ状態となったのは戦後、5回ある。最初は1947年。第1回参院選で無所属議員らで作る院内会派「緑風会」が大きな勢力を有し、当時の与党は参院の過半数を確保できなかった。55年に自民党が誕生し、翌56年の第4回参院選後に過半数を獲得。以後30年以上、衆参両院で過半数を維持した。

自民党が初めて「ねじれ国会」に苦しんだのが、リクルート事

■参院選で与党が大敗した主なケース

選挙日 首相	選挙直前の 内閣支持率	直前 ↓(人) 当選	選挙結果とその後
1989年 7月23日 宇野宗佑	13%	自民 66 ↓ 36	自民党が過去最低の当選者数で宇野内閣が退陣。以後、自民党は参院で単独過半数割れ続く
98年 7月12日 橋本竜太郎	30%	自民 60 ↓ 44	橋本内閣が退陣。自民党は政権維持のため、翌99年、自由党、公明党と連立
2007年 7月29日 安倍晋三	28%	自民 64 ↓ 37	自民党が89年に次ぐ大敗で、民主党に初めて参院第1党の座を明け渡す。安倍首相は2か月後に退陣
10年 7月11日 菅直人	45%	民主 54 ↓ 44	民主党、国民新党の連立与党が過半数に届かず。菅首相は続投したが「ねじれ国会」に苦しむ

※支持率調査は89、98年は面接方式、07、10年は電話方式

第3章　現行制度の功罪

件や消費税導入などへの批判で惨敗した89年参院選の後だ。90年3月には，衆院で可決した補正予算案が参院で否決され，予算を巡っては戦後初の両院協議会が開かれた。自民党はその後，公明，民社両党と政策ごとに連携する「自公民路線」で国会運営にあたり，92年6月には国連平和維持活動（PKO）協力法を公明，民社両党の主張を反映させて成立させた。このねじれは93年7月の衆院選で非自民の細川護熙内閣が発足したことで解消した。

> ⑬ 両院協議会
>
> 　衆参両院の議決が異なった場合に意見の一致を図る目的で設置される協議機関。国会法は，衆参両院から10人ずつ協議委員を選出し，「出席委員の3分の2以上の賛成」で成案をまとめることができると定めている。ただ，委員は各院の多数派から選ばれるのが慣例で，賛成派10人，反対派10人が並び，「物別れを確認するセレモニー」との指摘もある。

　3回目のねじれは，98年参院選で生じた。橋本竜太郎内閣の経済失政が争点となった同年7月の参院選で，自民党は44議席しか取れずに大敗し，「悲願の参院の過半数回復」どころか，大きく過半数を割り込んだ。敗北の責任をとって，橋本首相は辞任した。

　当時，日本は深刻な経済危機にあり，「日本発の金融危機」の可能性すら指摘されていた。同月，不良債権処理や経済再生など，重い課題を抱え，後に「金融国会」と呼ばれる臨時国会が召集された。橋本氏の後任を決める首相指名選挙で，衆院は自民党の小渕恵三総裁を選んだが，参院は民主党の菅直人代表を指名。両院協議会でも結論は出ず，憲法の衆院優越規定により，小渕内閣がスタートした。

　政局安定のため，小渕内閣が当初選んだのが，法案ごとに修正などを他党と協議する「部分連合」だった。最初の関門は，金融

機関の破たん後の処理が柱となった「金融再生関連法案」だった。法案の修正協議は，民主党，現在の公明党を中心とした新党平和・改革，社民党との間で進められた。法案の成立に手間取れば「金融恐慌」を招きかねないという切迫した状況の下，与野党協議はなかなかまとまらなかった。結局，小渕首相や野中広務官房長官が自民党執行部を説き伏せ，野党の修正案をほぼ丸のみして，成立させた。

　小渕首相は1999年1月，小沢一郎党首率いる自由党との連立に踏み切った。同年10月には公明党も加えた自自公連立で，ねじれを解消した。

　第1次安倍内閣が挑んだ07年参院選では，年金記録漏れ問題や閣僚の不祥事などで自民党が惨敗し，結党以来初めて参院第1党から転落した。これが4回目のねじれだ。安倍氏は続投を表明するが，体調不良もあって直後に辞任する。

写真11　連立に向け党首会談にのぞむ小渕恵三首相（左）と小沢一郎・自由党党首。（首相官邸で）1998年12月。

第3章　現行制度の功罪

> ⑭ 年金記録漏れ問題
>
> 　第1次安倍内閣当時の2007年5月に国民年金など5000万件に及ぶ公的年金保険料の納付記録漏れが発覚した。社会保険庁の怠慢は年金制度への不信を増大させ、同年の参院選で自民、公明両党の与党が敗れる原因の一つとなった。追及の急先鋒だった民主党の長妻昭衆院議員は「ミスター年金」と呼ばれた。この問題を契機に社会保険庁は解体され、10年1月に日本年金機構が発足した。

　後任に選ばれたのは、小泉内閣で官房長官を務めた福田康夫氏だった。福田首相は同年秋、民主党に合流して代表の座に就いた小沢氏と会談し、大連立を模索した。しかし、民主党内の反対で合意できなかった。この後、民主党は政府・与党との全面対決に突き進んだ。2008年3月、日本銀行総裁の国会同意人事で政府案に反対。戦後初の総裁空席という異常事態に陥った。民主党は税制関連法案にも反対し、ガソリンの価格が乱高下するなど混乱した。福田首相は同年4月の党首討論で「私どもは、国会運営にかわいそうなくらい苦労しているんですよ」と嘆いた。首相や閣僚に対し、野党が問責決議を可決させる事態も相次いだ。

> ⑮ ガソリン税の暫定税率
>
> 　受益者負担の原則に基づく道路特定財源を増やすため、本来の税率から一時的に約2倍に上乗せした税率。田中角栄元首相が中心となって制度化した。2007年参院選で衆参の与野党勢力が逆転する「ねじれ」現象が起き、民主党が期限延長に反対したため、08年4月にいったん失効してガソリン価格が下がり、1か月後に再び値上がりする混乱が起きた。

「ブーメラン」現象

　ねじれを利用して自公政権を攻撃し、2009年の衆院選で政権奪取に成功した民主党も直後にねじれに苦しむことになった。民

主党政権下の10年参院選で，民主党は惨敗し，国民新党と合わせても参院の過半数を割り込んだ。5回目のねじれだ。

民主党の菅直人首相は参院選の公示直前，自民党の消費税率10％への引き上げ公約に乗る形で税率引き上げに言及したが，税率アップの狙いや使途などについて十分説明を尽くさず，低所得者対策に関する発言も揺らいだ。菅首相の方針に対し，民主党内から公然と批判が出るなど，党内不一致も露呈した。鳩山前首相や小沢一郎元代表の「政治とカネ」の問題をはじめ，沖縄県の米軍普天間飛行場の移設問題を巡る迷走など，失政を重ねたことも大きく響いた。

> ⑯米軍普天間飛行場
>
> 沖縄県宜野湾市にある米海兵隊の施設。長さ約2800メートルの滑走路を持ち，新型輸送機MV22オスプレイなどが配備されている。市街地の真ん中にあり，事故の危険性などから，沖縄の米軍基地問題の象徴となっている。日米両政府は1996年，県内への移設を前提に返還に合意。2006年には，名護市辺野古沿岸部への移設で正式合意したが，移設は実現していない。

菅首相は参院選の大敗後も続投を表明し，7月30日の記者会見で衆参両院の国会議員定数削減について，8月中に公職選挙法改正の民主党案をまとめる方針を表明した。国会議員自ら「身を切る姿勢」を示すことにより，消費税増税を提起して失った世論の支持を取り戻す狙いがあった。同日朝の首相公邸での朝食会で，枝野幸男幹事長が「自らの身を切る話だから，具体的な分かりやすい話を入れた方がいい」と提案したのを菅首相が受け入れたのだった。直面する「ねじれ国会」で難しいかじ取りが予想される中，定数削減論議を与野党協議の足がかりにしたいとの思惑もあった。国会議員の定数という政治のあり方に直結する問題が，この頃から政局に利用され始めた。

第3章　現行制度の功罪

　12年衆院選で自民党が大勝し，与野党が逆転した後も，ねじれは続いた。

　トップに返り咲いた安倍首相は，「ねじれ」が解消されるまで綱渡りの国会運営を余儀なくされた。中でも，3月の日本銀行正副総裁の国会同意人事は瀬戸際の対応を迫られた。日銀総裁らの国会同意人事は衆参両院の同意が必要と定められ，一般の法案などのように衆院での「再可決」に頼ることはできない。政府は，総裁の人事案で民主党の賛成を取りつける一方，民主党が反対に回った副総裁の人事案では日本維新の会とみんなの党から賛成を得るなどし，それぞれ参院での同意にこぎつけた。集団的自衛権の行使や日本版の国家安全保障会議（NSC）創設に向けた検討など，内外で議論や反発が予想される外交・安保政策の見直しは先送りされた。

> ⑰ 国会同意人事
>
> 　日本銀行総裁や会計検査院検査官など国会の承認が必要な重要人事案件。各関連法に規定があり，例えば日銀法では「総裁及び副総裁は，両議院の同意を得て，内閣が任命する」と定めている。法案であれば参院が否決しても衆院で再議決できる仕組みがあるが，これらの人事はどちらかの院が承認しなかった時点で認められなくなる。対象となるのは36機関約250人。

> ⑱ 国家安全保障会議（NSC）
>
> 　外交・安全保障政策の司令塔となる政府機関で，2014年1月に発足した。首相，官房長官，外相，防衛相による「4大臣会合」で外交・安保戦略を策定することが柱。財務相，国土交通相など5閣僚を加えた「9大臣会合」で防衛大綱など幅広い案件を審議する。事務局として内閣官房に国家安全保障局を設けるほか，国家安全保障担当の首相補佐官を常設する。初代国家安全保障局長には谷内正太郎・元外務次官が就いた。

　選挙制度の改革論議も，与野党対立のあおりを受けた。衆院小

2 「ねじれ」国会と決められぬ政治

選挙区定数の「0増5減」を実現する区割り法（改正公職選挙法）は2013年6月24日に成立したが，抜本改革を巡る議論は結論が出ず，同年秋の臨時国会以降の課題とされた。

問責決議の重み

「決められない政治」がここまで深刻化したのは，諸外国の上院と比べ参院に「強すぎる」と言われるほどの権限が与えられているという，日本特有の事情に起因するところが大きい。

憲法59条2項は，衆院が可決した法案を参院が否決した場合，衆院の出席議員の3分の2以上で再可決すれば成立すると定めている。ただ，与党が衆院で3分の2以上の議席を持っていない場合，野党などの一部を切り崩して再可決にこぎ着けるのは容易ではない。

首相や閣僚の政治責任を問う参院の問責決議も，内閣の命運を左右してきた。問責決議は衆院の内閣不信任決議とは異なり，可決されても辞任を強いる法的強制力はない。ただ，「ねじれ国会」の下で野党が「問責された首相や閣僚と質疑はできない」と主張すると，政権が立ち往生することも多かった。首相に対する問責決議が可決されたのは13年末までに4例あるが，いずれも，ねじれ国会が常態化した07年以降のことだ。また，予算や首相指名などを除き，衆院と同等の権限を持つ参院では，参院の多数を使って野党が政権を揺さぶる例が後を絶たなかった。

ねじれをなくす方法の一つは，一院制への移行だ。超党派の国会議員で作る「衆参対等統合一院制国会実現議員連盟」（会長・衛藤征士郎衆院副議長）に所属する民主，自民両党などの10人は2012年4月，一院制を導入するための憲法改正原案を国会に提出した。17年から定数500以内の一院制を導入する内容だが，

第3章　現行制度の功罪

支持する声は広がりを欠いている。主要 8 か国（G8）はいずれも二院制を導入している。

参院選での与党圧勝による「ねじれ」解消で，安倍首相は 16 年の参院選まで国政選挙を気にせず政策に集中できる「黄金の 3 年間」を手に入れた。再びねじれが生じ，「強すぎる参院」の復活で政治の停滞を招かないようにするためにも，今，衆参両院の選挙制度を洗い直し，改革論議を前進させる必要がある。

検討期間は限られている。1989 年 6 月に宇野首相の諮問を受けた第 8 次選挙制度審議会（会長・小林与三次読売新聞社長＝日本新聞協会長）は，小選挙区比例代表並立制の導入を答申するまで約 10 か月かかった。抜本改革案がまとまっても，答申に基づく区割り改定案の作成は「対象選挙区の数によっては 1 年以上かかる」（総務省幹部）とされる。法改正や国会での審議を考えれば，衆院議員の残り任期 2 年余でも十分な時間とは言えない。

写真 12　横路孝弘衆院議長（中央右）に憲法改正原案を提出する衆参対等統合一院制国会実現議員連盟のメンバー。国会で。2012 年 4 月 27 日撮影。

選挙制度に完璧なものはない。ただ，選挙制度から生じる弊害を除去または軽減し，政治を再活性化させることは可能だ。与野党は，この好機を逃してはならない。

3 強まる政治不信

投票率の低下

　選挙制度の抜本改革は，往々にして有権者の政治不信が政治家の背を押してきた。

　現行の小選挙区比例代表並立制が検討された1993年当時は，リクルート事件など「政治とカネ」の問題に端を発する政治不信が選挙制度改革の原動力となった。自民党分裂，非自民の細川内閣の誕生などで，政界浄化への期待も急速に高まった。細川内閣の支持率は71・9％に達し，海部内閣の62・5％を抜いて最高を記録した。支持理由では，「何か新しいことをやりそうだ」が6割を超え，新鮮さと「変化」への期待が高まった。

　細川内閣の退陣後，自民党は政権を奪還したが，麻生政権ではリーマン・ショックによる国内経済の低迷も相まって，自民党に対する不信が極まった。国民は小選挙区比例代表並立制導入の際に期待された「政権交代」による現状打破に賭け，09年の衆院選で民主党に政権を託した。ところが，民主党政権も期待はずれに終わり，有権者の政治への関心は今，急速に失われつつある。

　その象徴は，国政選の投票率低下だ。

　12年衆院選の小選挙区選は前回09年衆院選の69・28％を9・

第3章　現行制度の功罪

■参院選挙区選の投票率（1980年は地方区）

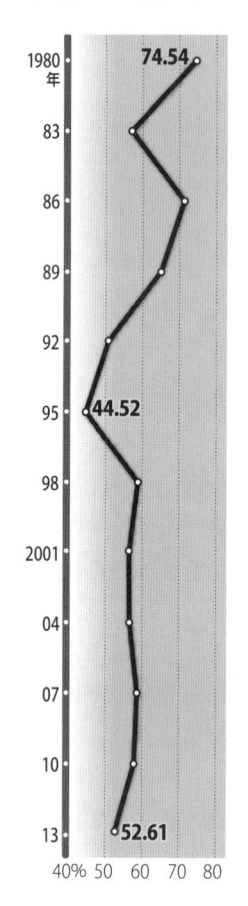

年	投票率
1980年	74.54
83	
86	
89	
92	
95	44.52
98	
2001	
04	
07	
10	
13	52.61

40%　50　60　70　80

■衆院選の投票率の推移

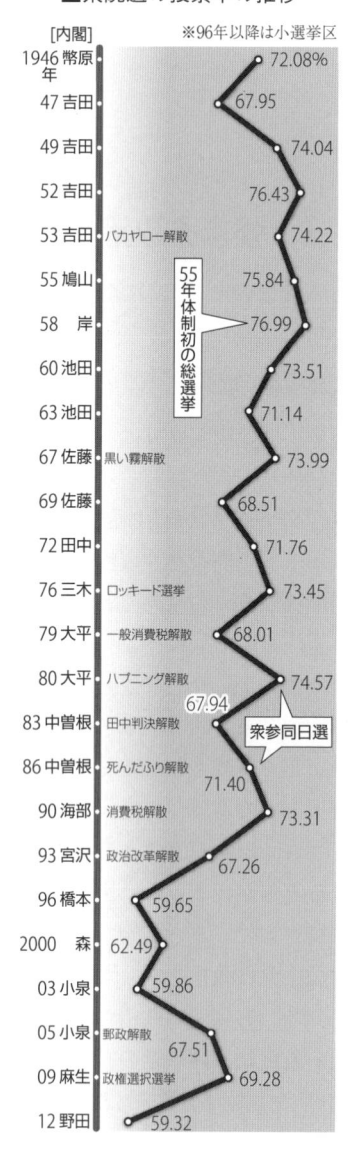

※96年以降は小選挙区

[内閣]		投票率
1946 幣原		72.08%
47 吉田		67.95
49 吉田		74.04
52 吉田		76.43
53 吉田	バカヤロー解散	74.22
55 鳩山		75.84
58 岸		76.99
60 池田		73.51
63 池田		71.14
67 佐藤	黒い霧解散	73.99
69 佐藤		68.51
72 田中		71.76
76 三木	ロッキード選挙	73.45
79 大平	一般消費税解散	68.01
80 大平	ハプニング解散	74.57
83 中曽根	田中判決解散	67.94
86 中曽根	死んだふり解散	71.40
90 海部	消費税解散	73.31
93 宮沢	政治改革解散	67.26
96 橋本		59.65
2000 森		62.49
03 小泉		59.86
05 小泉	郵政解散	67.51
09 麻生	政権選択選挙	69.28
12 野田		59.32

55年体制初の総選挙

衆参同日選

96ポイント下回る59・32％となり，戦後最低だった1996年の59・65％を下回った。比例選も前回を9・96ポイント下回る59・31％だった。現行の期日前投票制度が導入されて以降，05年，09年の衆院選と投票率は上昇してきたが，制度導入後，初めて減少した。

13年参院選では，投票率は選挙区選，比例選ともに52・61％だった。いずれも前回10年参院選を5・31ポイント下回り，1995年，92年に次いで過去3番目に低かった。参院選の投票率は1980年代までおおむね60～70％台で推移したが，92年に50・72％まで急落すると，95年には初の50％割れとなる44・52％を記録した。政府は98年から投票時間を2時間延長し，03年には不在者投票より手続きを簡素化した期日前投票を導入するなど対策を講じ，その後は50％台後半で推移してきた。しかし，13年参院選では沖縄県以外の46都道府県で前回を下回り，最も下がった富山県は14・63ポイントも下落した。

⑲リーマン・ショック

米大手証券の「リーマン・ブラザーズ」が2008年9月15日，米史上最大の約64兆円の負債を抱え，米連邦破産法11章（日本の民事再生法に相当）の適用を申請し，経営破綻したことに端を発する世界的な金融危機。不良債権化した低所得者向け住宅融資「サブプライムローン」が，証券化されて世界各地で販売されていたため，世界の金融機関に危機が飛び火し，金融収縮や株価暴落などを招いた。世界経済が冷え込んだことで，日本企業の業績も悪化した。

⑳期日前投票

投票日に仕事や旅行などの事情で投票できない有権者が，公示（または告示）翌日から，投票日前日までの間に，市区町村の「期日前投票所」で投票する制度。2003年12月施行の改正公職選挙法で導入された。直接投票箱に投票用紙を入れるため，従来の不在者投票よりも開票の手間が省ける。

第3章　現行制度の功罪

ネット選挙解禁も効果薄く

　深刻なのは、選挙への関心を高める新たな手を打っているにもかかわらず、投票率が下げ止まらないことだ。

　13年参院選では、若者の関心を引いて投票率の底上げにつなげようとインターネットによる選挙運動が解禁された。「フェイスブック」などソーシャル・ネットワーキング・サービス（SNS）による情報発信に熱心な安倍首相が、参院選前の法改正を主導した。自民党の参院議員にはパソコンなどに不慣れなベテランも多く、「ITに強い民主党や日本維新の会などに有利に働くだけ」とぼやく声も少なくなかったが、高支持率を誇る安倍首相の意向を渋々受け入れた。改正公選法の成立後、各党は候補予定者や陣営幹部らを対象にSNSの使い方などに関する講習会を相次いで開催し、電脳空間での新たな選挙戦に備えた。

　こうした懸命の努力にもかかわらず、投票率の底上げには結びつかなかった。読売新聞社の全国世論調査で、ネット上の情報が投票の際に参考になったかどうか聞いたところ、「参考にしなかった」という人が全体の90％に上り、「参考にした」という人は8％にとどまった。これとは別に、読売新聞など13紙が読者を対象に調査するシステム「J－MONITOR」を使い、首都圏や近畿圏、福岡県など五つの地区でアンケートを行った結果によれば（20～60代の4386人が回答）、参院選で「政党や候補者のホームページを見た」が16・8％、「ソーシャル・ネットワーキング・サービスのアカウントなどを登録した」が4・3％、「メール受信のため情報登録した」が3・3％といずれも低調だった。

　事前の世論調査などで与党圧勝が確実視され、有権者の関心が高まらなかったことに加え、与野党の論戦が深まりを欠いたことも一因とされた。党本部で参院選の開票作業を見守っていた公明

3 強まる政治不信

党の山口那津男代表は記者団に「民主党への失望感も影響しているのではないか」と指摘し，投票率の低下は政治不信が一因だとの見方を示した。ネット上で一般有権者と政党幹部とが政策論争を行うなど対話の場は広がったが，政党が有権者の信頼を失っている現状では，投票率の向上につながりにくいようだ。

　「政治への無関心」が今後更に広がるのか。ネット選挙の解禁に加え，現在は公選法で禁止されている戸別訪問を認めるべきだとの声や，「ネット投票」の推進を求める意見も出ている。公選法に定められた選挙運動の在り方や罰則などについても，多角的に検証すべき時が来ている。

第3章　現行制度の功罪

Column 6

◀インターネットによる選挙運動▶

　公職選挙法の改正により，2013年7月から解禁された。政党と候補者はホームページやブログのほか，ツイッター，フェイスブックなどのソーシャル・ネットワーキング・サービス（SNS）を選挙期間中も更新できるようになった。有権者は，候補者の政策や演説日程などを調べやすくなり，SNS上で政党や候補者に質問や意見を送ることも可能になった。

　各政党は，ネット利用が多い若年層に絞って支持拡大を試みた。自民党は安倍首相をモデルにしたスマートフォン用のゲーム「あべぴょん」を提供し，共産党はオリジナルのキャラクターが政策を解説する特設サイト「カクサン部」を開設した。ただ，候補者個人が提供した情報の内容を分析すると，演説日程の告知などが多かった。特定の政策や主義主張を打ち出した場合，有権者からの批判や反論が集中する「炎上」が起き，選挙戦に影響しかねないとの判断があったと見られる。

　ネット情報の信頼性向上も課題だ。公益財団法人「新聞通信調査会」は13年のメディアに関する全国世論調査を発表した（全国の18歳以上の男女3297人から回答）。参院選の報道で「投票する候補者や政党を決める際に参考になったメディア」（複数回答）は，1新聞54.6％ 2NHKテレビ41.2％ 3民放テレビ25.7％で，「政党や候補者のサイトを見た」と答えた人は6.9％にとどまった。情報の信頼度を100点満点で採点した場合，新聞は70.7点。テレビではNHKが72.5点，民放が60.4点だった。

第4章
改革が難しい参院選

　参院は日本国憲法により産声を上げた。戦前の貴族院と異なり，選挙に選ばれた議員で構成する上院として，発足前からいかにして衆院と異なる独自色を発揮するかという課題を抱えていた。憲法の規定は，参院の独自性を高めた一方で，選挙制度改革を難しくするハードルともなった。

　本章では参院が発足した前後から現在までの参院を巡る議論の経過と，これまでに数多く出された参院の選挙制度改革案を振り返る。

第4章　改革が難しい参院選

1 参院改革のハードル

半数改選，公選，衆参の権限

　参院の選挙制度改革が難しい理由はいくつかある。

　一つ目は3年に一度の半数改選を定めていることだ。半数を改選することにより，各選挙区の定数は複数となる。人口が少ない都道府県も最低定数2（改選定数1）とする必要があり，人口格差が生じやすくなる原因となった。また，定数が2の次は4，次は6となるため，微調整が難しいという問題も抱える。発足当初から，定数が衆院の半数程度に過ぎなかったことも格差是正を難しくしている。

　二つ目は公選によることが憲法で定められていることだ。各国では，任命制や自治体の代表が参加する上院も少なくない。こうした仕組みは下院と異なる特色を出すことにもつながっているが，日本の場合，公選が定められているため，選択肢が狭まっている面は否めない。

　三つ目は衆参の権限が基本的に同じことだ。憲法で衆院の優越を認めているのは，予算案や条約の承認，首相指名選挙に限られている。法案や国会同意人事案などは両院が賛成多数で可決する必要がある。法案に関しては参院で否決した法案を，衆院で再議決することも可能だが，再可決には衆院で3分の2以上の賛成が必要（59条2項）で簡単ではない。この結果，衆参で選挙制度が大きく異なると，ねじれが生じやすくなり，国会が機能不全に陥る恐れが大きくなる。

　こうした難しい条件をクリアした上で，参院の改革を進めるこ

とは容易ではない。ただ，存在意義が問われる中，参院の選挙制度改革は避けては通れない道だ。

Column 7

◀発足時から2倍以上の格差▶

参議院議員選挙法に基づく第1回参院選は，1947年4月20日に行われた。創設当初は，都道府県単位の地方区（沖縄を除き定数150）と，全国区（定数100）の組み合わせだった。

地方区は46年当時の人口に基づき，各選挙区人口に比例して2～8議席が配分された。創設当時，改選定数1の1人区は25，2人区は15，3人区は4，4人区は2だった。第1回参院選地方区で最大の格差は，鳥取選挙区と宮城選挙区の間で2・62倍だった。もし，参院の1票の格差が最大でも2倍以内にしなければ違憲であるとすれば，参院は創設当初から違憲の存在ということになってしまう。

ただ，都市部の急激な人口増と過疎化により，各都道府県の1票の格差は拡大を続け，92年7月26日に行われた第16回参院選では，神奈川選挙区と鳥取選挙区の間で6・59倍の格差が生じた。この選挙を巡っては，最高裁が96年9月11日の判決で，投票価値の不平等は看過し得ない程度に達していたとして，参院選初めての違憲状態判決を言い渡した。

94年に宮城など4選挙区で定数を計8増やし，北海道など3選挙区で計8減らす「8増8減」が行われるなど，格差是正はたびたび行われてきたが，抜本改革には至っていない。一方で，格差是正のため，定数を減らされる2人区が増えたため，1人区間の格差は拡大する傾向が続いている。

一院制と二院制

各国の議会制度をみると，主要8か国（G8）では各国とも，上下両院から成る二院制を採用している。一方，韓国やイスラエルのように一院制を採る国もある。二院制には慎重な審議や国民の

第 4 章　改革が難しい参院選

多様な価値を反映させるなどの長所があり,一院制には効率的な審議による政策決定の迅速化などの利点がある。日本では 1890 年に議会が開かれて以来,一貫して二院制が採用され,大日本帝国憲法下の帝国議会では,貴族院と衆議院が置かれていた。

> ㉑ 貴族院
>
> 大日本帝国憲法下の帝国議会の上院として 1890 年(明治 23 年)に発足。非公選の皇族議員,華族議員,天皇によって特別に任命される勅任議員で構成され,議員は原則 7 年だが,議員の多くが終身任期だった。1947 年 5 月 3 日に日本国憲法が施行されると,代わって参議院となった。

過去には,内閣の中で二院制の是非が議論されたこともある。1957 年に内閣に設置された憲法調査会は,国会の構成についても検討し,64 年に報告書を提出した。この中では「一院制を主張する委員は 1 名にすぎず,他の委員はすべて両院制を維持すべきもの」と記されている。

ただ,一院制を求める声は,今なお消えない。日本維新の会の橋下徹共同代表は「決める政治をやろうと思えば,首相公選制や(衆参合併による)一院制を目指さないといけない」として憲法改正を主張。維新の会は 2013 年夏の参院選で公約に「一院制の実現」を盛り込んだ。民主党の前原誠司元代表も同年 3 月の読売新聞のインタビューで「衆院と参院を合併し,一院にすると政治は安定すると考えている。ねじれ国会が恒常化する中,物事を決められる環境を整えていくことが大事ではないか」と語った。

一院制論が出る背景には,衆参の「ねじれ」がたびたび出現し,「決められない政治」が批判の対象となってきたことが最大の理由だ。さらに衆議院と参議院の選挙制度が近似し,創設当初に比べ,参院の独自性が薄れている事情もある。法案などの審議内容に衆参で大きな違いがないことも参院の存在意義を乏しくさせて

いる。いわゆる「参院不要論」だ。衆院議員と異なる特色を持つ参院議員をどう選ぶかは，創設時から今に至るまで議論となっている。

　日本の参院にあたる上院の議員全員を「直接選挙」で選ぶのは，G8では日本と米国だけだ。自治体の首長を参院議員に加えるべきとの主張も何度か出ている。橋下氏は09年，参院に「首長枠」を設けて知事が議員を兼務できるようにすることを提案した。同年の衆院選では，新党日本（田中康夫代表）が参院議員は比例選のほか，知事と政令指定都市の市長で構成すべきだと主張した。生活の党の小沢一郎代表も自由党党首だった1999年に発表した「日本国憲法改正試案」の中で「選挙によって国民の代表を選ぶのは，衆議院に限定して，参議院はチェック機能に徹するべきだ」とし，英国の貴族院を参考に「例えば衆議院を25年間つとめた人には勲章を与えて，参議院の終身議員になってもらう」などと提案した。

　改革には憲法改正が必要な項目もある。国のかたちを再点検して，あるべき国会の姿を議論すべき時に来ているのは間違いない。

第4章　改革が難しい参院選

Column 8

◀「タレント議員」▶

　戦前の帝国議会でも貴族院議員では画家の黒田清輝氏，衆院議員では小説家の東海散士氏など，現在ならタレント議員と呼ばれそうな国会議員が存在した。

　終戦直後の帝国議会でも貴族院で作家の山本有三氏，武者小路実篤氏などの有名人が勅選で選ばれているほか，戦後初の第1回衆院選では吉本興業所属の演歌師・石田一松氏が大選挙区の東京1区から当選したのがタレント議員のはしりだ。石田は在職中「芸能人代議士」と呼ばれていたという。

　参院に全国区が設けられると，知名度を生かしてタレント議員が数多く誕生した。

　テレビ時代のタレント議員1号は，1962年の参院全国区で当選した藤原あき氏だ。自民党総裁選にも立候補した藤山愛一郎氏の親族で，NHKの人気クイズ番組「私の秘密」の回答者として知られていた。

　1968年7月の参院選全国区では，お茶の間に知られたタレント候補がそろって当選して話題をさらった。トップ当選の作家，石原慎太郎氏は300万票を獲得。後に，衆院に転じ，閣僚を経験。東京都知事も4期（任期途中で辞任）務めた。石原氏の前の東京都知事・青島幸男氏や，作家・僧侶の今東光氏も100万票を超えて2位，4位と上位当選を果たした。東京オリンピックで「東洋の魔女」を率いたバレーボール全日本女子チーム監督の大松博文氏，「パンパカパーン」の漫才師で後に大阪府知事となる横山ノック氏も当選した。

　その後，漫才師のコロムビア・トップやアナウンサーの宮田輝，プロレスラーのアントニオ猪木，落語家の立川談志の各氏らが当選。女優の扇千景氏はその後参院議長に上り詰めた。選挙区では漫才師の西川きよし氏が当選した。

　当選後に真面目に政策の勉強に励み，一目置かれたタレント議員もいるが，週刊誌にスキャンダル記事が載って注目される議員も少なくなかった。

2 参院の発足

貴族院から参議院へ

　終戦翌年の1946年6月20日，第90回帝国議会が開会した。この日，政府が提出した帝国憲法改正案は，25日に衆院本会議に上程され，28日には帝国憲法改正案委員会（芦田均委員長）に付託されて審議が始まった。改正案は，「国会は，衆議院及び参議院の両議院でこれを構成する」と規定していた。上院としてそれまでの貴族院に代えて参院を置く趣旨だが，参院の具体的な構成や衆院との違いは明らかではなく，審議では参院の独自性や役割を巡って活発な議論が交わされた。

　当時，世界を見渡すと，一定の面積や人口を持ち，識字率が高い国では二院制が主流で，日本も二院制をとってきた。戦後，憲法論議の高まりに合わせて各政党や民間団体が発表した憲法改正案も二院制としているものが多かった。

　例えば，憲法学者の鈴木安蔵らが参加した「憲法研究会」が1945年12月26日に発表した「憲法草案要綱」は，「議会ハ二院ヨリ成ル」としたうえで「第一院ハ全国一区ノ大選挙区制ニヨリ……公選セラレタル議員ヲ以テ組織サレ其ノ権限ハ第二院ニ優先ス」「第二院ハ各種職業並其ノ中ノ階層ヨリ公選セラレ……」と，両院の違いを規定していた。

　ただ，帝国憲法改正案の国会審議では，参院議員の選び方や，二院制に疑問を呈する意見も少なくなかった。憲法43条（改正案39条）は「両議院は，全国民を代表する選挙された議員でこれを組織する」としているが，それ以上の規定はなかった。

第4章　改革が難しい参院選

■参院の選挙制度などに関連する憲法の主な条文

第十四条	すべて国民は，法の下に平等であつて，人種，信条，性別，社会的身分又は門地により，政治的，経済的又は社会的関係において，差別されない．
第四十二条	国会は，衆議院及び参議院の両議院でこれを構成する．
第四十三条	両議院は，全国民を代表する選挙された議員でこれを組織する． 2　両議院の議員の定数は，法律でこれを定める．
第四十六条	参議院議員の任期は，六年とし，三年ごとに議員の半数を改選する．
第四十七条	選挙区，投票の方法その他両議院の議員の選挙に関する事項は，法律でこれを定める．
第五十九条	法律案は，この憲法に特別の定のある場合を除いては，両議院で可決したとき法律となる． 2　衆議院で可決し，参議院でこれと異なつた議決をした法律案は，衆議院で出席議員の三分の二以上の多数で再び可決したときは，法律となる．

　1946年6月21日の衆院本会議。社会党の片山哲議員は6月21日，吉田茂首相の所信に対する質疑で，「参院は職能代表制とすべき」と主張した。衆院と同様に選挙を行う院を置く必要はないとの考えからで，政府に対して参院の構成を明らかにするように求めた。

　6月25日の衆院本会議では，自由党の北昤吉議員が「参院が

もし地域的の選挙であるならば、衆院と似た者が出るから二院制の根拠が薄弱になる。職能代表制にしようとすれば、一般の国民が選挙するという規定と正面衝突をする」と参院に独自性を持たせる難しさを指摘した。自由党の神田博議員も、7月6日の衆院帝国憲法改正案委員会で「衆院と同じような選挙方法では、回を重ねるうちに結局政党政治の基盤の上に立ってくるから、構成が衆院と同じようになってしまう。それでは二院制度の妙味はない」と述べた。

委員会では、参院の性格に関する質問が相次いだが、政府は職能代表制に否定的な考えを示し、「制度の詳細は検討中」などと答弁するにとどまった。

> ㉒ 大日本帝国憲法
>
> 西洋流の近代立憲主義に基づき、1889年（明治22年）に発布。国家統一の根拠を天皇に求め、行政、立法、司法、統帥など、すべてを天皇が掌握するという建前を取った。天皇は神聖不可侵の存在で、法的、政治的な責任は天皇を補佐する国務大臣が負うとされた。

参院の存在意義

「衆院の優越」をどこまで認めるかも議論された。

民主党の原夫次郎議員は6月26日の衆院本会議で、「衆院と参院の権限に非常なる差異がある。衆院にかかった法律案が衆院で否決されたら、もう参院にかける必要がないというが、……参院は衆院の付属院であるような感がある」と疑問の声を上げた。一方で、進歩党の犬養健衆院議員も7月31日の小委員会で「参院が衆院の行きすぎをチェックするという考え方は、衆院の自己否定になる」と指摘した。

第4章　改革が難しい参院選

　こうした意見を踏まえ，衆院の憲法改正案委員会は修正議決にあたり，付帯決議を採択し，「参院は衆院と均しく国民を代表する選挙せられたる議員を以て組織すとの原則はこれを認むるも，これがために衆院と重複する如き機関となり終ることは，その存在意義を没却するものである。政府はすべからくこの点に留意し，参院の構成については，努めて社会各部門各職域の知識経験がある者がその議員となるに容易なるよう考慮すべきである」と求めた。

> ㉓ **付帯決議**
> 　衆院や参院の委員会で法案可決の際に運用についての意見や希望を表明する決議。法的拘束力はない。全会一致で決議されることが多い。

　改正案が送付された貴族院でも議論が続いた。貴族院では「参院が二院制度の特徴を没却しないようにその組織と選挙に工夫を凝らすべきだ」「政争を離れ，長期的に条約や国際法規の順守を監視する外交委員会を参院に置くのがふさわしい」などの意見が出た。憲法改正案特別委員会小委員会では，一部の議員定数について推薦制，職能代表制を導入することも提案された。

　一院制か二院制か──。憲法担当の金森徳次郎国務相は9月20日の特別委員会で一院制について「専横に陥る危険があり，議事が周到に合理的に判断される点において不十分な点がある」と否定的な見解を述べた後，慎重な議会審議，世論の動向に対する判断の的確さなど，「二院政治の美点」を強調した。

一院制を構想したGHQ

　憲法改正案に盛り込まれた参院創設は，どのような経緯をた

2 参院の発足

どったのか。

　終戦後，内閣に設けられた憲法問題調査委員会（委員長・松本烝治国務相）は，大日本帝国憲法下の二院制を堅持しながら，貴族院に代わって参議院を設置することを目指し，二院制を盛り込んだ憲法改正要綱を作成した。各党の憲法改正草案でも共産党以外の自由，進歩，社会の3党は二院制を採用していた。しかし，終戦直後から日本を占領統治した連合国総司令部（GHQ）のダグラス・マッカーサー司令官は，一院制を構想した。マッカーサーが一院制が望ましいと考えたのは①代表民主制の責任を集中させることができる②米国の上院のように，州の主権を代表するという観念を樹立する事情が日本には見当たらない——などが理由だったという。GHQの憲法草案では，次のような条文が検討された。

写真13　松本烝治・貴族院議員。戦後，幣原内閣で憲法改正問題担当の国務相となり，憲法問題調査委員会を設け，いわゆる「松本草案」を作った。

　「国会ハ三百人ヨリ少カラス五百人ヲ超エサル選挙セラレタル議員ヨリ成ル単一ノ院ヲ以テ構成ス」

　一院制を採用する構想に日本側は驚いた。GHQのホイットニー民政局長は　手記に，「そこで起こった唯一の議論は，松本（烝治）博士が質問した一院議会の問題であった。日本人たちは，明らかに，驚愕狼狽したようであった」と記している。日本政府はGHQと折衝を重ね，GHQ案の基本原則を変えない限り，二

院制についても十分に考慮されうるとの見解を引き出した。

もともとGHQには一院制か二院制かは、日本政府との交渉に当たって、GHQ案のさらに重要な点を維持するための譲歩材料になり得るとの考えもあった。一院制に関しては最終的に手直しが認められ、新憲法下でも引き続き二院制を採用することが決まった。政府の憲法改正案は内閣法制局の入江俊郎次長と佐藤達夫第一部長が中心となって作成された。

憲法改正案は1946年8月24日、衆院本会議で賛成421票、反対8票という圧倒的多数で可決され、同日に貴族院に送付された。参院に関する規定は、①全国民を代表する選挙された議員で構成②普通・平等選挙③議員の任期6年、半数ずつ3年ごとに改選、解散なし──とされた。

改正案は貴族院で修正の上、可決され、衆院に回付し可決、成立した。参議院は47年5月3日、日本国憲法が施行されると同時に誕生した。

㉔GHQ

連合国軍総司令部。第2次世界大戦後、ポツダム宣言に基づき、公職追放、教育民主化、財閥解体など日本の占領政策を担った。総司令官のマッカーサー元帥は民政局に日本国憲法草案の作成を命じ、その際に「天皇は国家元首の地位にある」、「日本は、紛争解決の手段としての戦争及び自己の安全を保持するための手段としてのそれも放棄する」、「日本の封建制度は廃止される」などとする3原則を示した。

全国区と地方区

新たに誕生した参院の議員を選出するための参院議員選挙法案は、政府内で憲法改正案の審議と並行して検討が進められた。政府は1946年11月12日に法案を閣議決定し、第91回帝国議会に

2　参院の発足

提出した。

　衆院との差別化を図るため，参院は①議員定数は250。全国を1選挙区とする全国選出議員100，各都道府県を1選挙区とする地方選出議員150 ②被選挙人の年齢は衆院より5歳高い30歳とする――という特徴を持っていた。

　地方区と全国区が採用された背景には，吉田茂内閣が検討してきた参院の構成についての考えがあった。日本国憲法を制定する際，吉田内閣が当初まとめた案では，参院は「地域別又ハ職能別ニ依リ選挙セラレタル議員」と「内閣ガ両議院ノ議員ヨリ成ル委員会ノ決議ニ依リ任命スル議員」から構成するとしていた。全国選出制を採用したことについて，大村清一内相は法案の趣旨説明で「国民代表，平等選挙，自由選挙の原則と参院の独立性確保の方針を堅持しながら，その範囲内で衆院とできるだけ異質にするための方法として採用した。また，地域代表的な考え方を考慮にいれず，学識・経験ともにすぐれた全国的な有名有為の人材を簡抜する」と述べた。

　法案の検討段階でも，政府に答申した第3回臨時法制調査会では，全国区を採用すべき理由として「地方区だけでは衆議院あがりの老廃的人物が出る」「東京に人材が集まっている現状から地方区だけでは人物が得にくい」などが挙げられていた。同法案は1946年12月25日，衆院で可決，成立した。

　参院議員選挙法に基づく第1回参院選は1947年4月20日に行われた。この選挙では，全国区に246人，地方区に331人が立候補した。選挙の結果，政党では社会党が47議席，自由党が39議席，民主党が29議席を獲得したが，無所属議員が最多の108議席を占めた。職業別に見ると，前貴族院議員13人，前衆院議員2人，官吏・公吏12人，団体役職員58人，会社員・重役54人などだった。女性は19人が立候補し，10人が当選した。1票の

第4章　改革が難しい参院選

格差は，最大2・62倍だった。

発足当初の参院は，党派色が薄いという特色があった。

緑風会

参院の独自性とその後の政党化を象徴するのが，「緑風会」だ。1947年の第1回参院選は，とりわけ全国区で，作家などの著名人の多くが議席を得た。

このうち，「路傍の石」などで知られる作家の山本勇造（有三），法学者で後に最高裁長官になる田中耕太郎，外交官だった佐藤尚武，松平恒雄，元貴族院議員の下條康麿，河井弥八らが中心となって，独自の会派を結成した。その名を緑風会といった。

提案した山本は，この名の由来について「緑は七色の中の中央の色である。右にも偏せず左にも傾いていない。第二院たる参議院の性格と相かよう点があるばかりでなく，この会の精神をも暗示している」（「緑風会十八年史」）と語っている。結成趣旨には「第一院の暴走を防ぐには，どうしても第二院が必要である。そのためには，第二院の議員は党派の利害に巻き込まれない，公正な人でなければならない。参議院は，衆議院と一緒になって政争をこととするようであっては，第二院としての存在価値はなくなると思う」とうたわれた。

緑風会には第1回国会召集時に92人の参院議員が所属し，第一会派となった。社会党47人，新政倶楽部44人，民主党42人，無所属懇談会20人などを大きく引き離していた。自由闊達な議論を重んじ，党議拘束はかけないのが特徴で，国会運営に影響力を持った。衆院と異なる「良識の府」を体現する存在として，一世を風靡した。

しかし，左右両派社会党の統一と，保守合同による自民党誕生

という「55年体制」の出現で2大政党化が進み、政党の組織力が強まると、緑風会から自民党への入党者が相次いだ。さらに56年の石橋湛山内閣時代から参院の閣僚枠が設けられたため、大臣ポストを狙って脱会する議員が続出した。1950年の第2回参院選では9議席しか獲得できずに第3会派に後退するなど、選挙のたびに勢力を減らし、緑風会はついに65年6月に解散した。次第に強まっていく参院の政党化は、82年の拘束名簿式比例代表制の導入により一層その傾向を強めることになった。

> ㉕ **55年体制**
>
> 自民党が与党を維持し、社会党が野党第1党の座を占めて対立する戦後政治の構図。1955年10月、分裂していた社会党の左派と右派が統一すると、11月には日本民主党と自由党の保守合同で自民党が誕生した。米ソ冷戦を背景に保守を代表する自民党と革新を代表する社会党が対立する中、自民党の長期政権が続いた。1993年の衆院選では自民党が過半数に届かず、社会党も大敗を喫した。代わって新生党、日本新党など新党が議席を伸ばした。細川首相を首班とする非自民連立政権誕生した後、自民党は社会党と連立政権を誕生させ、野党第1党は新進党となった。

3 存在意義の模索

参院改革

政党化が進み、発足当初の独自色が薄れると、参院の存在意義をどう示すかが課題となった。そのためには、参院議員の選出方法から見直す必要があった。

第4章　改革が難しい参院選

　選挙制度改革は，参院の審議方法の見直しなどとともに参院改革の大きな柱として，いくたびも議論の俎上に載せられた。

　1988年11月には，参院議長の私的諮問機関「参議院制度研究会」(林修三座長)が意見書をまとめた。

　意見書では「参議院には，その独自の役割を発揮するために，どのような選挙制度を設けるべきか，は参議院の創設に当たっての最大の問題であった」と選挙制度の重みを指摘したうえで，改革の主要な論点として①比例代表を廃止し，都道府県の選挙区のみとする②比例代表を残す場合は，非拘束名簿式を検討する③比例代表，都道府県選挙区の両方を廃止し，広域のブロックを選挙区とする制度を検討する④民主的で公正，権威ある推薦母体が候補者を推薦し，一般選挙人がこの候補者に投票するという「候補者推薦制度」を検討する——などの案を示した。こうした案をもとに「権威ある第三者機関」を設け，衆院の選挙制度との関連を含めて総合的に検討することも盛り込んだ。だが，参院選を半年後に控えていたため，具体的な議論に至らないまま活動は休止された。

　それから2年後。第8次選挙制度審議会(小林与三次会長)は1990年7月，答申を海部俊樹首相に提出した。答申では，参院について衆院と異なる選挙の仕組みを作ることや，独自性を発揮できるよう参院の政党化をできる限り抑制することなどを求めた。そのうえで①候補者推薦制，②都道府県を代表する議員を選出する選挙，③広域ブロック単位の選挙，④全国単位の選挙，⑤都道府県単位の選挙とブロックまたは全国単位の組み合わせ——という踏み込んだ案を出した。

　ただ，①について「推薦母体の構成や推薦手続など制度上及び運用上の課題について憲法の規定との関係を含めて十分つめられる必要がある」とするなど，いずれの案についても課題を指摘し，

結論は出さなかった。また,比例代表については拘束名簿式を改め,非拘束名簿式を導入すべきとした。

この答申に対し,各党は談話を発表した。自民党は「政府と一体となり,国民,野党各党の協力も得ながら,答申の趣旨を十分尊重して改革の実現に全力を尽くす」と決意を表明。これに対して,野党各党は比例選の非拘束名簿式について「論拠が不明。旧全国区の復活」(社会党),「参院の独自性の確保は期待できない」(公明党),「党利党略的なものだ」(共産党),「抜本改革にはほど遠い」(民社党)などと反発した。非拘束名簿式の導入は2000年に実現したが,推薦制など選出方法の抜本的な改革は,日の目を見ることがいないまま今日に至っている。

憲法改正も視野に

参院改革の試みは続いた。今なお,参院改革案として,参院関係者が参考にするのが,2000年4月に斎藤十朗参院議長の私的諮問機関「参議院の将来像を考える有識者懇談会」(座長・堀江湛慶大教授)が提出した意見書だ。

意見書は改革の方向性として「衆参両院の機能分担」「参院の自主性及び独自性の確保」「議員個人中心の活動の促進」「審議及び運営の改革」と並んで「選挙制度の改革」を挙げた。具体的には①比例代表制を含めた選挙制度の抜本的な見直し②多様な個人を選出するための選挙制度③参院の代表制の性格の見直し——を挙げた。①では,「党派に束縛されない個人の意見を反映する」「政党の支持・推薦を受けない候補者も当選可能となるように改める」ことを求めた。③では,「参議院を『全国民の代表』でなく,一定の地域を単位とする地域代表的な性格のものにする」ことを提案した。

第4章　改革が難しい参院選

■「参議院の将来像を考える有識者懇談会」意見書のポイント

> 1　参院の存在意義と役割
> - 衆院の政党の枠組みでは吸収しきれない意見や利益もある。参院はこれとは異なる代表に基づく機能を担うことに意義がある
> - 衆院は政府を形成する機能を持ち，参院は衆院に対する抑制，均衡，補完の機能を発揮することが期待される
>
> 2　改革の原則的な考え方
> - 政党又は会派の活動を単位とする衆院に対し，参院は議員個人の活動を中心とした多様な意思形成の場を提供する。それにふさわしい個人を選出できるような選挙制度に改める
>
> 3　改革の基本的方向
> - 衆院は参院が否決した日から一定期間は再議決権を行使できないことにすることによって，参院の役割を明確化してはどうか。この場合，衆院は参院が否決した議案について過半数の多数で再議決し，成立を図ることができるとする
> - 参院の選挙制度は，比例代表制を見直し，党派に束縛されない個人の意見を反映すると共に，公正な民意を代表するような制度の実現を図るべき
> - 参院では政党等に依存せず，個人中心の選挙運動を容易にするため，公営選挙の拡大やメディアによる選挙運動などの導入を図ってはどうか
> - 将来の課題として，地方分権が推進されることを前提とすれば，参院を「全国民の代表」ではなく，一定の地域と関連し，これを単位とする地域代表的な性格のものにしてはどうか

　間接選挙，推薦制，複選制の三つについて，学説はどのような立場を取っているのか。米大統領選のように有権者が「選挙委員」を組織し，議員を選挙する「間接選挙」は，43条の「選挙」に含まれ，合憲とする学説と，普通選挙を保障した憲法15条の趣旨を踏まえ，違憲とする学説がある。「推薦制」については，

写真14 参院野党の代表者らに比例選の非拘束名簿式導入を要請する斎藤十朗参院議長（中央）。(参院議長室で2000年9月29日)

主な学説は合憲とみなす。「複選制」は，たとえば地方議員や衆院議員が参院議員を選ぶように，すでに選挙されて公職にある者が選挙することを指すが，導入には憲法改正が必要とされる。

西岡私案

　最高裁は2009年9月，1票の格差が4・86倍だった2007年参院選挙区選について，「格差縮小には選挙制度の仕組み自体の見直しが必要だ」と指摘した。これを受け，参院の各派代表で構成する「参院改革協議会」(参院協)は2009年11月，選挙制度を抜本的に見直すことに決めた。ただ，翌年に参院選が迫っていることから，13年の参院選から実施するとして，改革そのものは先送りされた。

　参院協の合意に基づき，西岡武夫参院議長は2010年12月，全国を9ブロック（北海道，東北，北関東信越，南関東，東京，中部，関西，中国・四国，九州・沖縄）に分割して非拘束名簿式の比例選

第4章　改革が難しい参院選

とし，選挙区選を廃止する私案を提示した。この案に従うと，1票の格差は最大1・15倍まで縮小する。2011年4月には各党が主張する定数削減を組み込む形で私案を修正し，全国9ブロックの大選挙区制（定数8～36）に一本化したうえで定数を42減の200にする案を示した。

西岡氏が抜本改革を目指したのは，人口の多い選挙区の定員を増やしたり，少ない選挙区の定員を減らしたりする方法では格差縮小に限界があるためだ。公明党も11年7月，総定数を200に削減し，全国11ブロックの大選挙区制とする改革案を発表した。ただ，西岡私案に対しては民主党内でも地方や全国比例選出の議員から「地域と職域代表という参院の特色が失われる」という反発が少なくなかった。さらに労働組合の全面支援を受ける比例選出議員からは「ブロックごとに分断され，集票力が落ちる」「労組の組織内候補は全滅だ」と忌避された。

同党は結局，西岡私案を採用せず，①選挙区と比例代表の定数を20ずつ削減し，総定数（242）を202とする②有権者の少ない10選挙区を二つずつ「合区」して5選挙区（長野・山梨，石川・福井，鳥取・島根，徳島・高知，長崎・佐賀）とする改革案を決定した。しかし，自民，

写真15　参院選挙制度改革の私案を説明する西岡武夫参院議長。2010年12月，国会で。

公明両党は民主党案を受け入れず，協議は停滞。西岡氏も11年11月に死去した。

再び先送り

 2012年5月16日，国会内で開かれた各党の参院幹事長らによる選挙制度協議会で，与党・民主党の一川保夫参院幹事長は13年参院選では抜本改革を先送りし，現行制度の枠内で1票の格差是正に取り組むとする考えを提示した。7月には神奈川，大阪両選挙区の定数を2ずつ増やし，福島，岐阜を2ずつ減らす「4増4減」とする私案を示した。4増4減が行われても，1票の格差は4・75倍にまでしか縮まらず，「弥縫策」との指摘が多かった。2013年には抜本改革による新制度で選挙を行うとした09年の合意もほごにするものだった。

 しかし，具体的な抜本改革案がまとまらない中，1票の格差拡大を放置することも出来ず，民主，自民，公明3党などの賛成で，「4増4減」を行う改正公職選挙法は12年11月16日，可決，成立した。

 13年参院選の直後には，最大4・77倍の1票の格差は選挙権の平等を保障した憲法に違反するとして，弁護士グループが47選挙区すべての選挙無効（やり直し）を求めて全国で一斉提訴した。高裁・高裁支部の判決では，「違憲状態」が13件，「違憲」が3件（1件は選挙無効）だった。

 このうち7件は「2016年の次回選挙までに格差を是正しなければ，違憲と判断される」と警告し，改革の加速を求めた。

 山崎正昭参院議長と各党の代表は9月12日，「選挙制度の改革に関する検討会」を国会内で開き，参院選挙制度改革の各党協議を再開することで合意した。

第4章　改革が難しい参院選

期限迫る参院の選挙制度改革

　参院の選挙制度改革の具体案を協議するため、各党で構成する参院選挙制度協議会は 14 年 4 月頃まで有識者から意見聴取を続け、同協議会の座長を務める自民党の脇雅史参院幹事長が私案を提示する方針だ。与野党協議は、その後に本格化する見通しだ。

　各党の具体案作りには大きな差がある。自民党は 13 年末までに具体案を示しておらず、民主党も定数（242）を 40 程度削減するよう求めているだけだ。一方、公明党は全国を 11 ブロックに分けた大選挙区制を提案しており、みんなの党や共産党は、比例選への一本化を求めている。ただ、憲法改正が必要な衆参合併による一院制を主張している日本維新の会を含め、すでに具体案を示している各党の考え方の違いは大きい。

　脇氏は「全部、比例選にすれば、（人口が）少数県の代表者がいなくなる」と語り、比例選への一本化やブロック制の導入には慎重な考えを示している。

　2012 年 11 月に成立した「4 増 4 減」の改正公選法は、抜本改革を見送った代わりに、付則に 16 年夏の参院選までに「抜本的な見直しについて結論を得る」と明記した。参院の選挙制度改革は「待ったなし」だ。

第5章
制度改革に必要な五つの視点

　選挙制度改革を巡る与野党の対立が埋まらない。2013年に公職選挙法改正により実現した衆院小選挙区の「0増5減」は緊急避難の色合いが濃いにもかかわらず，主要政党は一致した行動ができなかった。国会議員に任せていては「百年河清を俟つ」だ。この隘路から脱するため，選挙制度の改革論議を進める上で求められる「視点」を提示したい。

第5章 制度改革に必要な五つの視点

1 定数削減と改革論議は別

「格差是正」から「定数削減」

▽議論を拡散させる定数削減を制度改革と切り離せ
▽法案審議の形骸化など立法機能が低下してよいのか
▽選挙で定数削減を競うのはポピュリズムだ
▽制度改革案づくりは第三者機関に委ねる時だ

民主党の岡田克也・前副総理は2013年5月30日,衆院選挙制度改革に関する与野党実務者協議で,こう提案した。

「今国会も残り1か月しかない。抜本改革は無理ではないか。当面合意できる定数削減の議論を進めるべきだ」

これに対し,共産,社民,みどりの風が「合意すべきは抜本改革だ」と主張,この日も結論は出なかった。

写真16　衆院選挙制度改革に関する与野党実務者協議に臨む（左から）民主党の岡田克也前副総理,自民党の細田博之幹事長代行,公明党の北側一雄副代表ら。国会で。2013年5月30日撮影。

1 定数削減と改革論議は別

けれども、なぜ、与野党協議の中心テーマが「定数削減」なのか。与野党で話し合う必要が生じたのは、2011年に最高裁から1票の格差を巡り「違憲状態」の判決を受けたからだ。

「格差是正」から「定数削減」に、いつから論点がすり替わったのだろう。

最大の原因は、野田政権が消費増税実現のため「国会議員も身を切る改革が必要」と訴え、定数削減の実現にこだわったことだ。

■衆院選挙制度改革をめぐる民主党の主張の変遷

	小選挙区選	比例選
2011年3月	最高裁が09年衆院選の区割りを「違憲状態」との判断を示す	
7月	「5増9減」か「6増6減」	80減
12年1月	野田首相が「一体改革は、聖域なき行政改革、政治家自ら身を切る政治改革を実施した上で必ずやり抜く」とあいさつ（民主党大会で）	
	0増5減	80減
4月	0増5減	75減し、35議席は連用制
6月	0増5減	40減し、35議席は連用制
	野田首相が「国民の理解を頂くには、行政改革も政治改革も、まず身を切る改革をやり遂げなければいけない」とあいさつ（一体改革関連法案の衆院採決前日の臨時代議士会で）	
9月	野田首相が「多くの国民は、定数削減も、まず身を切る改革をやれという要望が強い」と発言（民主党代表選出馬を表明した記者会見で）	
11月	0増5減	削減なし
	（選挙制度改革法に賛成）	
13年4月	30減	50減
	0増5減を実現する区割り法案の衆院採決には反対	

第5章　制度改革に必要な五つの視点

> ✏️ **㉖消費増税**
>
> 消費税は生産や流通の全段階で事業者が生み出した「付加価値」に課税する税。景気に左右されにくく，安定して税収が得られる特徴がある。竹下内閣が1988年6月に導入を決め，89年4月に税率3％で導入された。橋本内閣のもとで97年4月に税率5％に引き上げられた。民主党政権の野田佳彦内閣は2012年8月，税率を14年4月に8％，15年10月に10％へ引き上げることを柱とする社会保障・税一体改革関連法を成立させた。

小選挙区を減らせば大政党に不利になる。比例選を減らせば小政党に不利だ。各党の消長に直結するテーマを絡ませた結果，肝心の格差是正——最高裁が是正を阻む主因に挙げた「1人別枠方式」の見直し論議は，すっかり捨て置かれた。

「身を切る」と言うと，確かに聞こえはよい。民主党は定数80削減を唱えた。みんなの党も180削減の定数300を提唱する。だが，議員の数を減らす話ばかりが先行し，削減による負の側面の議論は手つかずだ。

例えば，日本は議院内閣制だ。首相のほか閣僚ら76人の国会議員が内閣に入っている。「政と官」の関係でみれば，内閣に入る議員数を減らせば相対的に官僚主導が強まる恐れがある。

> ✏️ **㉗議院内閣制**
>
> 内閣が国会（日本では衆院）の信任を受けて成り立つ制度。過半数の閣僚は国会議員の中から選出され，内閣は行政権の行使について国会に対して連帯して責任を負う。衆院で内閣不信任決議が可決，もしくは内閣信任決議が否決された時は，内閣は総辞職するか，10日以内に衆院を解散しなければならない。英国で発達し，日本国憲法でも明文化している。

立法府の機能低下も心配だ。日本の国会は予算案や法案などの実質的審議を委員会で行うため，議員数が減れば所属委員会の掛け持ちが増え，法案審議が粗雑になりかねない。

1　定数削減と改革論議は別

　官僚へのチェックや法案審議がおろそかになる可能性を伏せ，「身を切る」姿勢だけをアピールするのはポピュリズム（大衆迎合主義）と言うしかない。この際，格差是正など本質的な議論を妨害するだけの定数削減は，議論のテーブルから除外すべきだ。

　選挙制度改革を議論する担い手を，有識者による第三者機関とすることも必要だろう。政治的駆け引きや大衆迎合の思惑にまみれた政党に改革論議を委ねることで，これ以上時間を空費することは許されない。

Column 9

◀都議選などでも1票の格差▶

　「1票の格差」に関する司法の判断が下されるのは，国政選挙に関してだけではない。

　2013年12月，同年6月の東京都議選の1票の格差は違法だとして選挙無効を求めた訴訟について，東京高裁が合憲とする判決を言い渡した。

　訴訟では，格差が最大で3・21倍だった都議選に関して，人口が少ない千代田区を特例選挙区としたことが違憲だとして争われた。

　公選法では都道府県議の選挙区は郡市の区域によると規定されているが，人口が少ない場合隣接する他の都市と合わせて1選挙区を設けることになっている。ただ，例外として条例で隣接市郡と合併しない特例選挙区も認めている。

　判決では，千代田区を特例選挙区としたことについて「都議会において地域間の均衡を図るために通常考慮しうる諸般の要素をしんしゃくしてもなお，一般的に合理性を有するものとは考えられない程度に達していたとはいえず，議会に与えられた裁量権の合理的な行使として是認することができる」との判断を示した。東京高裁は，「地方自治は住民の意思に基づくべき」と指摘した。

　今回の訴訟は，提訴したのが元最高裁判事の泉徳治弁護士だったことでも注目された。泉氏は判決を不服として最高裁に上告した。

第5章 制度改革に必要な五つの視点

民主，党利優先の削減論

選挙制度改革論議の出発点となったのは，2011年3月の最高裁判決だ。

最高裁は，衆院小選挙区選の1票の格差について「違憲状態」とし，格差を生む主因として「1人別枠方式」の廃止を求めた。

政権党で，圧倒的議席で第1党の座にあった民主党も当初，別枠方式廃止を優先しようとした。岡田克也幹事長（当時）は「今の制度を前提にすれば21増21減しかない」と主張した。

だが，岡田氏の"正論"は，党内からも「激変すぎる」と拒否された。結局，岡田氏が本部長を務める党政治改革推進本部は，11年7月，「5増9減」と「6増6減」の2案を成案とすることを決めた。

別枠方式の廃止を断念してからは，民主党はタガがはずれたように，格差是正の議論を脇に追いやった。代わって幅を利かせたのが「身を切る改革」論で，特に野田首相（当時）がこれを強く訴えた。

野田氏としては，「政治生命をかける」と明言した消費増税への党内外の理解を得るため，という狙いがあったのかもしれない。ただ，党内には《鳩山，菅両政権の負の遺産を抱え，惨

写真17 街頭演説で，消費税率引き上げ問題について理解を求める菅首相（JR徳島駅前で）。

1 定数削減と改革論議は別

敗必至の総選挙はできるだけ先延ばししたい。衆院解散の事実上の制約要因となる定数是正が先行しないよう，各党の思惑がバラバラな定数削減をあえて絡ませておこう》といった解散封じの思惑から，野田氏の「身を切る改革」論に同調する人たちも，少なからずいたのではないか。

　少なくとも外形的には，民主党の主張はますます別枠廃止からはずれ，果ては憲法違反の疑いさえ指摘された「連用制」まで口にするようになった。

　民主党は13年の通常国会で，別枠制度の廃止を主張し，1票の格差を2倍未満に抑える「0増5減」の区割り実現に反対している。

　しかし，党内をまとめきれずに別枠廃止論をあっさり断念したのも，格差是正とはまったく関係ない定数削減論を絡ませたのも，民主党である。最高裁「違憲状態」判決を結果として放置した一義的な責任が，民主党にあるのは明白だ。

　「身を切る改革」論は，日本維新の会やみんなの党にも伝播（でんぱ）している。特にみんなの党は，民主案に100人上乗せした「180削減」を唱えている。

　もっとも，定数削減で直ちに減らせるのは国会議員の歳費などで，1人あたり年間約6800万円にとどまる。「180削減」による節約額は年間約120億円となるが，それは13年度一般会計予算（約92兆6115億円）からみれば0・01％に過ぎない。

　しかも，年間約320億円支給される政党交付金の4割弱を返上すれば，「180削減」と同じ節約効果が得られる。民主党の「80削減」なら，政党交付金の17％削減で済む。

　北岡伸一・国際大学長（政治学）はこう批判する。

　「国会議員を数十人減らすなら，政党交付金や歳費を削減した方が簡単だ。大切なテーマはいくらでもあるのに，国会議員を減

第5章　制度改革に必要な五つの視点

らすかどうかで，国会が不毛な議論を繰り返すのは非生産的だ」

そろそろ，本筋から離れた「身を切る改革」論とは決別する時である。

> **㉘政党交付金**
>
> 1995年に施行された政党助成法に基づき，国の予算から政党に交付される政治資金。▽国会議員5人以上▽国会議員1人以上で直近の衆院選または最近2回の参院選のいずれかで得票率2％以上――のいずれかの条件を満たした政党に，議員数と選挙での得票数に応じて配分される。交付総額は人口に250円をかけた額で，2014年分は320億1400万円。

議員定数削減がもたらすものは

国会議員の定数を大幅に削減すると，国会審議にどのような影響が出てくるのだろうか。民主党が当初求めていた定数400やみんなの党が主張する300にそれぞれ削減した場合について，読売新聞が試算してみた。

① 委員会の数を維持するなら

衆院の委員会数（常任委員会＝17，特別委員会＝10の計27）を維持した場合を想定した。

現状は，首相や閣僚，議長らを除く439人の議員は，1人あたり2・24委員会に所属している計算だ。ただし実際は，委員によって所属委員会の数はまちまちで，自民党のある議員は議院運営，予算，経済産業，沖縄北方特別，青少年特別の計5委員会を掛け持ちしている。

委員会ごとの定数を維持した場合，衆院定数を400に削減すると，1人あたりの所属委員会は0・51ポイント増の2・75となる。

衆院定数を300に削減すると，1・56ポイント増の3・80とな

り，議員1人平均で4委員会を掛け持ちして法案審議に走り回る形になる。

② 委員会ごとの定数を減らすと

全体の定数削減にあわせて，委員会ごとの定数を減らした場合はどうか。

常任委員会の定数は，予算委員会の50人が最も多く，次に厚生労働，国土交通の2委員会が45人，内閣，総務，財務金融，文部科学など7委員会が40人……というように，委員会ごとに定数が決まっている。

原則的に各党の議席数に比例して配分されるため，現在8議席の共産党，7議席の生活の党といった小政党は，所属委員がゼロの委員会がどうしても出てくる。

定数削減に連動して各委員会の定数を削減すると，例えば，現在40人の委員会は，定数400だと33人の委員会に，定数300だと25人の委員会に縮まる。

この結果，定数300になると共産党や生活の党は，6委員会にし

■定数削減による国会審議への影響

ケース①委員会の数を維持すると…

現状	常任・特別委員会の委員定数は985。首相らを除き439人で委員を分担＝平均2.24
定数400	359人で委員を分担＝平均2.75に
定数300	259人が平均3.80委員会を掛け持ち

ケース②委員会ごとの定数を減らすと…

現状	常任委員会は17。共産党は6、生活の党は8
定数400	委員不在は、共産党8、生活の党10に
定数300	共産、生活の両党の委員不在は11ずつに拡大

ケース③委員会を統合して数を減らすと…

現状	通常国会への内閣提出法案は74。厚生労働委員会は9法案（うち成立3）、環境委員会は6法案（同1）を審議する見通し
定数削減	厚生労働、環境両委員会が統合すれば15法案を受け持つ。審議時間は変わらないため、継続審議が大幅に増えることに

※試算では、定数を削減しても各党の議席獲得率は同じと仮定した

第5章 制度改革に必要な五つの視点

か委員が出せなくなり，法案の審議に関与することが難しくなる。

③ 委員会統合で数を減らすと

全体の衆院定数を削減する際，委員会を統合することで各委員会の定数を維持し，小政党の発言権，法案審議への関与の機会を担保するやり方も考えられる。

ただ，提出される議案数が現状と変わらなければ，委員会によっては時間切れで審議できず，次の国会に積み残しになるものが増えるのは確実で，議案を通すことを優先して審議時間を減らせば，国会審議の質の低下につながる。

国民に増税をお願いする以上，国会議員も「身を切る改革」が必要だ——という言い方は，聞こえがよい。しかし，大幅な定数削減は法案審議の停滞や小政党の委員が姿を消すといった立法機能の低下をもたらす可能性が高い。「身を切る」ことが必要なら，歳費や政党交付金を減額するなど別の方法はいくらでもある。

人口比の国会議員数は少ない

そもそも日本の国会議員は多すぎるのだろうか。

議員1人あたりの人口を主要8か国（G8）で比較すると，少ない議員数で運営している国の一つであることがわかる。

日本の国会議員数は衆院480，参院242（欠員含む）の計722人。人口はG8の中で3番目に多い1億2800万人で，17万7000人に1人の国会議員が選ばれる計算だ。

これに対し，英国は4万4000人に1人の国会議員が選出されており，日本の約4倍にのぼる。イタリアは6万4000人に1人，フランスも6万8000人に1人の国会議員が選出されており，約3倍の多さだ。日本よりも人口あたりの議員が少ないのは，米国とロシアだけだ。

■主要国の人口と上下院の国会議員数（欠員含む。人口は概数）

	国名	議員1人あたりの人口	下院議員定数	上院議員定数	人口
G8	英国	約4万4000人	650	760	6200万人
	イタリア	約6万4000人	630	315	6000万人
	フランス	約6万8000人	577	348	6200万人
	カナダ	約8万3000人	308	105	3400万人
	ドイツ	約11万8000人	622	69	8100万人
	日本	約17万7000人	480	242	1億2800万人
	ロシア	約23万2000人	450	166	1億4200万人
	米国	約57万8000人	435	100	3億900万人
その他	オーストラリア	約9万8000人	150	76	2200万人
	韓国	約16万2000人	300	－（一院制）	4800万人

※国立国会図書館など調べ

　下院議員だけで比較しても、人口が日本の半分程度の英仏伊はいずれも600人前後の議員を抱えている。人口あたりの下院議員数は、やはり米国、ロシアに次いで3番目に少ない。

2 「人口比例」だけが物差しか

▽憲法に定められた国会の裁量権を狭めてよいのか
▽「人口比例」の絶対視は誤りだ
▽「選挙無効」の判決は政治を混乱させる
▽司法も区割り作業の実情に配慮が必要だ

　議員1人あたりの人口に基づく「1票の価値」を巡り、司法府

第5章　制度改革に必要な五つの視点

と立法府が相互不信を募らせている。

広島高裁岡山支部は2013年3月26日,最大格差が2・43倍の12年の衆院選を「違憲」,1・41倍の岡山2区を「選挙無効」とする判決を下した。

判決の約2週間後の4月11日,衆院憲法審査会で,幹事の中谷元氏（自民）がこう発言した。

> ㉙憲法審査会
>
> 憲法改正の手続きを定めた国民投票法と同時成立した改正国会法に基づき,2007年8月に衆参両院に設置された。憲法改正原案の審議,憲法に関する調査などを担当する。憲法改正に慎重な議員を抱える民主党や改正反対の社民党が委員名簿を提出せず,4年間休眠状態だったが,11年10月に始動した。

「憲法は選挙制度について法律に委ねている。選挙制度に対する違憲・合憲の判断は,一義的には国会に委ねられるものと考えるべきではないか」

憲法47条（「選挙区,投票の方法その他両議院の議員の選挙に関する事項は,法律でこれを定める」）を持ち出す中谷氏の指摘には「国会の裁量権を侵す司法」への敵愾（てきがい）心がうかがえる。

「選挙無効」判決に従えば失職となる岡山2区選出の山下貴司氏（自民）も「『1人1票』は大切だが,厳密に貫くと,都会だけに議員が集中する」と疑問を投げかけた。

司法が「選挙無効」にまで踏み込む危うさを指摘する声も多い。

例えば,公職選挙法は,議員が失職した際は「40日以内」に再選挙を行うと定めている（33条の2）。だが,今回の「0増5減」をみてもわかる通り,区割りの改定には《法改正→区割り→法改正》の3ステップが必要となる。「選挙無効」とされた選挙区を改め,新選挙区で再選挙を「40日以内」に行うことなど,絶対に不可能だ。政治を混乱させるだけの「選挙無効」判決は,

結果として司法に対する信頼を損ねかねない。

そもそも，一連の高裁「違憲」判決は，1票の価値の平等だけを重視し，区割り作業の"物差し"として「人口比例」を絶対視している印象がぬぐえない。

けれども，現実の区割り作業はそう簡単ではない。行政単位はもちろん，地域の歴史的，経済的な結びつき，交通事情なども考慮に入れて検討されている。それは，「ご近所なのに道路一本隔てて別選挙区」といった，有権者に不便を感じさせる区割りをできるだけ避けるためだ。

憲法学者の大石眞・京大教授はこう指摘する。

「1票の価値について『1対1』を強く求めるほど，行政区画を守る原則からはずれた，変な形の選挙区になりかねない。司法は区割り作業の実態にも目を向けるべきだ」

犠牲になる地方の声

2013年11月に最高裁が国会に幅広い裁量権を認めた判決を言い渡したことで，選挙が無効になる事態は避けられた。

《もし最高裁が広島高裁岡山支部のように「無効」判決を下したら，政治はどうなるか》

この問題が，4月18日の衆院政治倫理確立・公職選挙法改正特別委員会で取り上げられた。

大塚拓氏（自民）は，小選挙区選で当選した議員と，小選挙区選で敗れて比例選で復活当選した議員の身分がどうなるかを政府側にただした。

総務省の米田耕一郎選挙部長は，小選挙区選の議員は当選無効になるものの「比例選の当選人には影響を及ぼさない」と答弁した。

第5章　制度改革に必要な五つの視点

「東京1区（の当選）が無効になっても，（東京1区で敗れ）比例復活した（民主党の）海江田代表の身分には何の影響もない」

大塚氏は，皮肉を交えて制度の矛盾を指摘した。

1票の価値について，最高裁は2011年の判決で，「憲法はできる限り平等に保たれることを最も重要かつ基本的な基準とすることを求めている」とする一方で，「それ以外の要素も合理性を有する限り国会において考慮することを許容している」と付け加えている。「考慮」の具体的対象も，行政区画，地域の面積，交通事情，地理的事情などを例示した。

それでも，司法界を覆い尽くす「1票の価値」を過大視する風潮は，衆院選挙区画定審議会も無視できない。このため，1994年の区割り案では2・137倍だった1票の格差は，2013年3月に勧告した案で1・998倍に縮小した。

このあおりで犠牲になるのは自治体だ。

例えば，青森県五戸町。これまでは青森3区だったが，新たな区割りで十和田市などが属する2区に編入された。五戸町は3区の中心都市の八戸市と経済的，文化的な結びつきが強い。

三浦正名・五戸町長は不満を漏らす。

「町内の投票率は大幅に下がるだろう。投票率の向上をうたう国が，自ら投票率を下げる制度改正を行うのは妙な話だ」

人口減で「定数1」の県も

こうしたひずみは，将来ますます拡大する。

厚生労働省の国立社会保障・人口問題研究所の推計によれば，2040年の日本の人口は，今より約2000万人少ない1億728万人で，都市部よりも地方の減少幅がより大きい。

この推計人口を基に300小選挙区がどのように配分されるか，

2 「人口比例」だけが物差しか

■ 2040年推計人口に基づく衆院小選挙区の増減

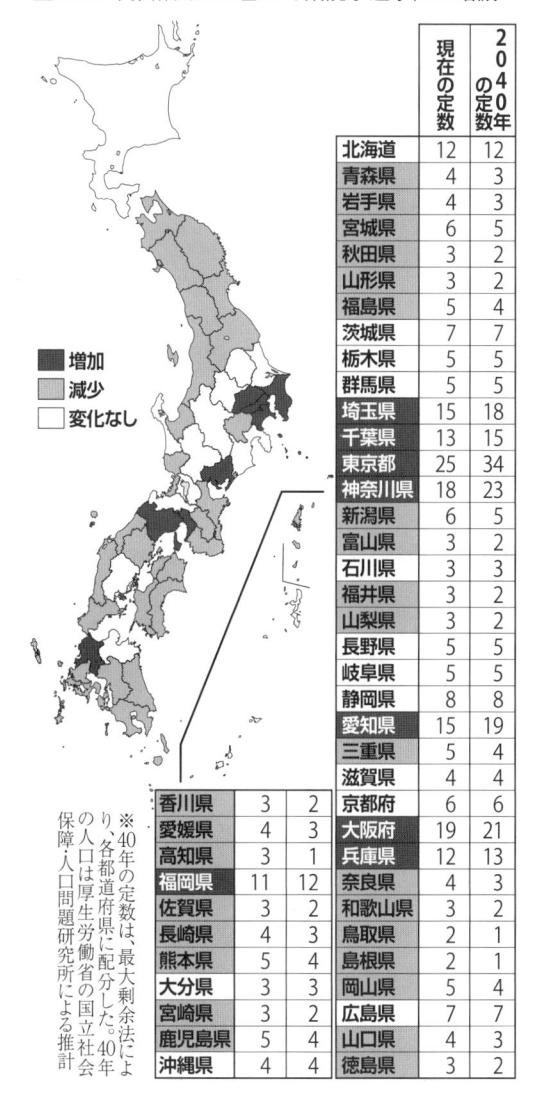

凡例:
- ■ 増加
- ■ 減少
- □ 変化なし

	現在の定数	2040年の定数
北海道	12	12
青森県	4	3
岩手県	4	3
宮城県	6	5
秋田県	3	2
山形県	3	2
福島県	5	4
茨城県	7	7
栃木県	5	5
群馬県	5	5
埼玉県	15	18
千葉県	13	15
東京都	25	34
神奈川県	18	23
新潟県	6	5
富山県	3	2
石川県	3	3
福井県	3	2
山梨県	3	2
長野県	5	5
岐阜県	5	5
静岡県	8	8
愛知県	15	19
三重県	5	4
滋賀県	4	4
京都府	6	6
大阪府	19	21
兵庫県	12	13
奈良県	4	3
和歌山県	3	2
鳥取県	2	1
島根県	2	1
岡山県	5	4
広島県	7	7
山口県	4	3
徳島県	3	2
香川県	3	2
愛媛県	4	3
高知県	3	1
福岡県	11	12
佐賀県	3	2
長崎県	4	3
熊本県	5	4
大分県	3	3
宮崎県	3	2
鹿児島県	5	4
沖縄県	4	4

※40年の定数は、最大剰余法により、各都道府県に配分した。40年の人口は厚生労働省の国立社会保障人口問題研究所による推計

第5章　制度改革に必要な五つの視点

読売新聞が試算したところ，東京は現在の25から34に増える。神奈川，埼玉，千葉を加えた1都3県の選挙区は71から90に増加する。一方，高知，鳥取，島根の3県は定数1となる。

国会から，地方に地盤を置く議員が姿を消す――。

「地方の声」を国政に反映する機能を損ねてよいはずがなかろう。政治には「人口比例」以外の視点も必要である。

3 「完全比例」なら政治停滞

▽最重視すべきは「政治の安定」だ
▽「人口比例選挙」はキャスチングボート政治を常態化させる
▽「決められない政治」の回避には民意の集約が不可欠だ

各地で選挙無効訴訟を起こしている弁護士らで組織する「一人一票実現国民会議」は2013年5月上旬，全国紙に意見広告を掲載した。

《「人口比例選挙」＝国民主権国家の必須要件》

意見広告は「人口比例選挙」の具体案も記してある。

〈1〉 小選挙区選は廃止
〈2〉 定数300の比例代表選（全国一区）

この時限的に実施する「人口比例選挙」で選ばれた国会議員の手によって，「時間を掛けて，十分議論したうえで，憲法の要求する人口比例選挙を定める」ことを提案している。

国民会議の言う「人口比例選挙」＝定数300・全国1単位の完全な比例選を実施すると，日本の政治はどんな姿になるのだろう。

3 「完全比例」なら政治停滞

読売新聞は12年12月の衆院選と09年8月の衆院選における比例選得票から、各党の獲得議席を試算してみた。

12年衆院選だと、自公両党（自民＝84、公明36の計120議席）だけでは過半数に31議席足りず、民主党（48議席）、第3極勢力（日本維新の会＝62、みんなの党＝26の計88議席）が三つどもえで多数派工作を展開することになるだろう。安倍首相なら維新の会・みんなの党を選ぶかもしれないが、両党がキャスチングボートを握ることで、維新の会の「消費税の地方税化」、みんなの党の「原発ゼロ」など、両党の衆院選公約の受け入れを迫られそうだ。

09年衆院選では、民主党は129議席、国民新党は5議席、社民党は13議席で、過半数に4議席足りない。下野する自民党（81議席）と公明党（34議席）は民主主導の政権に距離を置くだろうから、民主党が連立を持ちかける先は、みんなの党（13議席）か、共産党（21議席）しかない。わずか9か月で倒壊した鳩山「民国社」政権以上に、政策調整で手間取りそうだ。

基本政策の異なる政党をかき集めてもなお、連立政権を構成できない――。一人一票実現国民会議が"理想"とする「人口比例選挙」は、ほぼ確実に「決められない政治」を常態化させることになるだろう。

国民会議の意見広告を、もう一度みてみよう。

定数300・全国1単位の比例選で必然的に常態化する「決められない政治」の

■「自公」も「民国社」も過半数に届かない

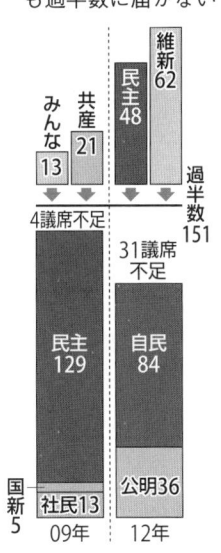

	09年	12年
	国新5／社民13／民主129／共産21／みんな13	公明36／自民84／民主48／維新62
	4議席不足	31議席不足

過半数 151

第5章 制度改革に必要な五つの視点

下で,「時間を掛けて,十分議論したうえで,憲法の要求する人口比例選挙を定める」ことが果たしてできるだろうか。

恐らく絶望的だ。ということは,定数300・全国1単位の比例選は半永久的に固定化し,日本は「決められない政治」を延々と続けることになりかねない。

"理想"を追い求めるあまり,政治の停滞を招いては,元も子もない。

海外,国政混乱相次ぐ

全国1単位の比例選が政治を不安定なものにすることは,海外のケースをみてもわかる。

最たる例がベルギーだ。

2010年6月に行われた下院選（非拘束名簿式比例代表制,定数150）で議席を得たのは12党にのぼった。第1党の新フランドル同盟は27議席,第2党のワロン系社会党は26議席といずれも2割に満たない議席しか得られなかった。各党は,暫定政権を発足させるのと並行して連立協議を重ねたが,1年を経過しても決着しなかった。

「重大な状況にかんがみ政治危機の解決策を早急に見いだすことが重要だ」

混乱に業を煮やしたベルギー国王アルベール2世は11年11月,ブリュッセルの王宮にワロン系社会党党首を呼び,連立交渉を妥結させるよう指示した。国王の介入に加え,欧州を襲った金融危機で米格付け会社がベルギー国債の格付けを引き下げたことも手伝って,6党連立政権が誕生したのは,下院選から実に541日後のことだった。

ベルギーの場合,オランダ語を話す北部のフラマン系（ゲルマ

3 「完全比例」なら政治停滞

■主な国の下院の選挙制度と特徴

	国名	選挙制度	特徴
混合制	日本	小選挙区比例代表並立制	小選挙区で落選しても、比例選で復活当選が可能な重複立候補制度を採用
	韓国	小選挙区比例代表並立制	阻止条項は3％未満かつ選挙区当選5人未満の政党
	ドイツ	小選挙区比例代表併用制	定数を上回る「超過議席」が発生することも
小選挙区制	米国	小選挙区制	一部の州では過半数獲得者がいない場合、2回目の投票。同一州内の選挙区は人口がほぼ均等
	英国	小選挙区制	区割りについて提訴できない条項あり
	フランス	小選挙区2回投票制	有効投票の過半数かつ有権者数の4分の1以上の獲得者がいない場合、2回目の投票
	カナダ	小選挙区制	1993年の総選挙では、与党が169議席から2議席に激減
	オーストラリア	小選挙区優先順位付き連記制	順位を付けて投票。過半数獲得者がいない場合、下位得票者の票を上位に移譲
比例代表制	ギリシャ	非拘束名簿式比例代表制	最多得票の政党に50議席を付与
	イタリア	プレミアム付き拘束名簿式比例代表制	最多得票の政党に54％の議席を与える
	ロシア	拘束名簿式比例代表制（全国1区）	得票7％未満などの政党に阻止条項を適用
	オランダ	非拘束名簿式比例代表制	集計は全国単位
	ベルギー	非拘束名簿式比例代表制	選挙区は原則、首都と州単位
	イスラエル	拘束名簿式比例代表制	選挙区は全国1区

ン民族）とフランス語を話す南部のワロン系（ラテン民族）で国がほぼ二分されているという特殊事情が、混乱に拍車を掛けた側面は否めない。

しかし、イスラエル（拘束名簿式比例代表制）も、13年1月の総選挙の結果、12党・会派に分立、4党・会派の連立政権を発足させるまでに約2か月を要した。

第5章 制度改革に必要な五つの視点

再選挙も

ギリシャ（非拘束名簿式比例代表制）は，安定政権を築くため第1党に議席の6分の1を加算する仕組みとなっている。それでも，2012年5月の総選挙では，第1党が定数の約3割の議席しか得られなかった。各党の連立協議は頓挫し，1か月後の再選挙を経てようやく内閣発足にこぎつけた。

自民，民主両党には「海外でも苦労しているように，比例選だけになれば，1党や2党では過半数を占めることはできないだろう。『決められない政治』になるのが最大の懸念だ」（細田博之自民党幹事長代行）という見方が強い。

日本は1996年の衆院選から，「小選挙区比例代表並立制」を実施した。

並立制を提言した1990年4月の第8次選挙制度審議会答申は，小選挙区制中心の選挙制度のメリットを次のように記している。

《小選挙区制には，政権の選択についての国民の意思が明確なかたちで示される，政権交代の可能性が高い，政権が安定するなどの特性がある》

実際，2009年と12年の衆院選で2度の政権交代を果たし，前者は選挙から17日後，後者は10日後に政権が発足している。もし，全国1単位の比例選だったなら，鳩山「民国社」政権も，安倍「自公」政権も過半数に届いていない。政権発足を先に延ばし，追加の連立相手を探す必要に迫られたのは間違いない。

ただし，小選挙区制中心の制度にも批判はある。

2005年以降の3度の衆院選は，第1党が圧倒的多数の議席を獲得した結果，「チルドレン」と称される政治経験の少ない新人を多数生み出すことになった。加えて2度の政権交代は"振り子"のように激しく議席を増減させたため，選挙地盤の弱いチル

ドレンたちは大量淘汰（とうた）の憂き目にあった。

「国会議員は当選回数を重ねながら，政策をじっくり勉強し，政治経験を増やすものだ。そうした貴重な機会が奪われ，政治家の質の劣化を招いた」——与野党問わずベテラン議員に根強くある意見だ。「中選挙区制を復活させるべきだ」という声さえ聞かれる。

欠点のない選挙制度は存在しない。

その現実を認めた上で，「政治の安定」を第一に，よりましな制度を比較考量しながら選択する。そんな堅実さが，選挙制度の改革論議には求められる。

4　二院制活性化へ憲法論議

▽選挙区定数を微調整するだけの参院改革は限界だ
▽衆参両院が似通った選挙制度であることも問題だ
▽二院制にふさわしい制度設計を
▽憲法改正を視野に入れれば任命制や地域代表制も可能に

2013年5月22日の参院憲法審査会で，只野雅人・一橋大教授（憲法学）が参院の現状に警鐘を鳴らした。

「参院の権限はかなり強い。最高裁が，参院でも投票価値の平等を強く求める背景だ」

かつて参院の1票の格差を6倍未満まで「合憲」とした最高裁は，2012年10月，最大格差が5・00倍だった10年参院選を「違憲状態」とした。にもかかわらず，参院の改革機運は乏しい。13年夏の参院選で適用される「4増4減」程度の格差是正では，

第5章 制度改革に必要な五つの視点

「最高裁による違憲状態判決は不可避」(法曹関係者) とも指摘されている。

参院もまた，小手先の改革は限界にきている。

参院では，都道府県単位の選挙区選と全国1単位の選挙 (1980年まで全国区選, 83年から比例選) の組み合わせという大枠が，長い間変わっていない。

加えて，衆院が1994年に旧中選挙区制から小選挙区比例代表並立制に移行し，衆参両院の選挙制度は似たものとなった。参院議員自身にも「両院が同じような選出方法で構成されると，同じようなものの見方になる」(佐藤公治氏) という声があるように，似通った選挙制度が，参院に期待される「衆院の抑制・補完」の役割を損ねている一面は否定できない。

二院制の長所を生かすためにも，衆参両院の選挙制度を一つのテーブルに載せて改革論議を進めることが欠かせない。

その際，憲法改正も視野に入れれば，両院の違いを際立たせる制度設計の可能性が一気に広がる。

例えば，両院議員を「全国民を代表する選挙された議員」と規定する憲法43条を改めれば，日本の参院にあたる上院に「任命制」を採用する英国，カナダ，ドイツなどのように，有識者や地域代表を推薦・任命する仕組みを参院に導入することが可能となる。上院は各州2議席ずつ配分する米国連邦憲法と同種の規定を憲法に書き込むことで，参院議員は都道府県代表の性格を帯びるようにすれば，1票の格差に悩まされなくても済む。

憲法で首相指名や予算などの衆院の優越を定めながら，現実には参院の力が強すぎることも問題だ。北岡伸一・国際大学長 (政治学) は，選挙制度改革と同時に「憲法59条を改め，衆院の再可決要件を3分の2から2分の1に引き下げるなど参院の権限を弱める必要がある」と指摘する。

4 二院制活性化へ憲法論議

　発議要件を緩和する96条改正論議を巡り「手続きより中身の議論が大事」という指摘がある。「中身」の主要テーマとして，二院制の活性化に向けた憲法改正論を真剣に議論すべきだ。

> **㉚衆院の優越**
>
> 　衆参両院は原則として対等だが，憲法は両院の意見が対立した場合を想定し，いくつかの条文で衆院の優越を認めている。法案は衆院での可決後，参院が否決するか60日以内に議決しない時は，衆院の3分の2以上で再可決し，成立させられる（59条）。予算案，条約案は，衆参の議決が異なり，両院協議会でも一致しない時は，衆院の議決が国会全体の議決となる。参院が送付を受け30日以内に議決しない時も衆院の議決だけで自然成立する。予算案は衆院に先議権がある（60，61条）。衆参の首相指名が異なる時は衆院の指名が優先される（67条）。首相に総辞職を迫る内閣不信任案も衆院だけが提出できる（69条）

米，伊は上下院同日選　上院任命制も

　二院制を巡る課題の一つが，与党が参院で過半数を得ていない「ねじれ国会」による政治の停滞だ。与野党を問わず，国会議員にも危機感は強い。

　2013年5月29日に開かれた超党派の「衆参対等統合一院制国会実現議員連盟」の討論会。あいさつに立った民主党の前原誠司・元代表は，自らが一院制を主張する理由を次のように説明した。

　「衆参両院のねじれが生じると，法案が通らず，大臣はすぐ問責だということで，政治はどんどん停滞する。日本はちょっと国政選挙が多すぎる。結果として根本的な問題に政治が向き合うことになっていない」

　前原氏が言う通り，日本ほど国会議員の選挙が頻繁に行われる国は珍しい。過去10年で見ると，補選を除いても衆院選と参院

第5章 制度改革に必要な五つの視点

■G8で上院議員が直接選挙で全員選ばれるのは日本と米国だけ

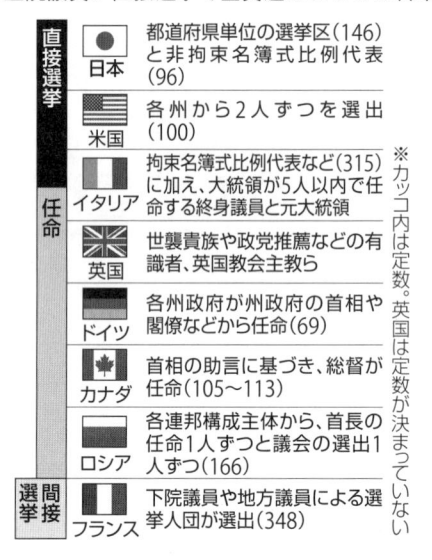

直接選挙	日本	都道府県単位の選挙区(146)と非拘束名簿式比例代表(96)
	米国	各州から2人ずつを選出(100)
任命	イタリア	拘束名簿比例代表など(315)に加え、大統領が5人以内で任命する終身議員と元大統領
	英国	世襲貴族や政党推薦などの有識者、英国教会主教ら
	ドイツ	各州政府が州政府の首相や閣僚などから任命(69)
	カナダ	首相の助言に基づき、総督が任命(105〜113)
	ロシア	各連邦構成主体から、首長の任命1人ずつと議会の選出1人ずつ(166)
間接選挙	フランス	下院議員や地方議員による選挙人団が選出(348)

※カッコ内は定数。英国は定数が決まっていない

選は計7回行われている。1年半足らずに1回の割合で選挙が行われている計算だ。

G8（主要8か国）各国と比較してみよう。

日本同様に上院議員を選挙で選出する米国は5回、一部を除いて選挙で上院議員を選出するイタリアは3回だ。両国とも、上下院選挙が同じ日に行われる。他の国々は、上院議員は首相の助言に基づく任命や下院による間接選挙で選ばれるため、国民が投票するのは下院選のみだ。

ねじれ現象を回避するには、選挙自体の数を減らすことが有益だ。

安倍首相は、首相就任前の12年秋、月刊誌「文芸春秋」誌上で「参議院の改選期に合わせて、3年ごとに『衆参ダブル選挙』を実施する」ことを提案した。その理由について「衆参でそれほ

■主要 8 か国の上院の仕組み

上院の権限が強い ↑ ↓ 下院の権限が強い

	任期	下院との関係
イタリア	5年 （解散あり）	上院が否決すれば、法案は廃案。首相の信任は両院で必要。両院に政府の不信任決議権がある
米国	6年 （2年ごとに3分の1ずつ改選）	法案は両院の可決が必要。両院が対立した場合、両院協議会で調整したり、両院間を往復させて修正したりする
日本	6年 （3年ごとに半数を改選）	参院が法案を否決した場合、衆院で再可決するには3分の2以上の賛成が必要。参院が60日以内に法案を採決しない場合も再可決可能
ロシア	不定 （各連邦構成主体の任期）	下院で法案を再可決するには3分の2以上の賛成が必要。上院が14日以内に審議を終えない場合、法案は自然成立
カナダ	終身 （75歳定年）	憲法上はほぼ対等。下院の可決した法案に上院は基本的に反対しない慣習がある
ドイツ	不定 （各州政府の任期）	州の行財政に影響を及ぼす法案など以外は、下院の過半数などで成立
フランス	6年 （3年ごとに半数を改選）	上院が法案を否決しても、下院の過半数の賛成で再可決できる
英国	終身	上院は下院の判断を覆せない。政権公約に関する法案は、慣習で否決や大幅修正できない

ど選挙結果に差異は生まれないだろうから、選挙後の3年間は確実に政治が安定する」ことを挙げた。

首相は、憲法改正による是正の可能性にも言及している。

「選挙制度を衆参で全く異なるものにするのは一つの案だ。例えば、『参議院の選挙権は、各都道府県、市町村の首長に与える』といった方法もあり得るのかもしれない」

憲法改正を視野に入れた参院改革論としては、2000年に「参議院の将来像を考える有識者懇談会」（当時の斎藤十朗議長の私的

第 5 章　制度改革に必要な五つの視点

諮問機関）が，参院議員を「地域代表的な性格に」することを提案している。

ただし，憲法改正にまで踏み込んだ改革論は，国会内においては少数派だ。

衆院憲法審査会で一院制を主張したのは，日本維新の会とみんなの党のみ。参院で否決された法案を衆院で再可決する要件を緩和する憲法 59 条改正に賛成を表明した政党は，皆無だった。「各党とも，自分たちの権限が狭まることを嫌がる参院議員が，最大の抵抗勢力になっている」（自民党幹部）からだ。

「強すぎる参院」改革を目的とする憲法改正なら，国民投票にかける前段として，発議に同調する参院議員を 3 分の 2 以上集めることが至難の業だろう。この観点からも，発議要件を緩和する 96 条改正論はもっと掘り下げる必要がある。

「抑制・補完の府」として参院の機能が十分発揮できる選挙制度はどのようなものか。憲法改正もタブー視せず，真摯（しんし）な議論を戦わせたい。

5　第三者機関が改革主導

▽国会議員には自らの利害得失が絡む選挙制度の改革は困難だ
▽第三者機関は国会議員を入れずに有識者だけで構成せよ
▽政党に答申を尊重させる拘束力ある第三者機関を

2013 年の参院選は本来，「抜本改革」による新制度で行われるはずだった。

2010 年 5 月に参院改革協議会（参院協）がまとめた報告書は，

5 第三者機関が改革主導

こう強調している。

《選挙制度の仕組みの見直しの必要性については，共通の理解ができた》

各党派の代表でつくる参院協は，〈1〉10年7月の参院選後ただちに改正案を検討〈2〉11年中に改正案を決定〈3〉13年の参院選から実施──という「工程表」も作成した。この合意に基づき，西岡武夫参院議長が，選挙区選，比例選ともに廃止し，ブロック単位の選挙制度に改める「私案」を提案した。

だが，西岡案は，民主党の比例選出議員らから「活動範囲が分断されて集票力が落ちる」「これでは労組の組織内候補は全滅だ」と忌避された。結局，13年の参院選は，福島，神奈川，岐阜，大阪の定数を微調整する「4増4減」でお茶を濁した。

参院「抜本改革」が挫折した理由は明らかだ。議員自身の手では，自らの利害得失が絡む「土俵」（選挙制度）作りはできない──の一言に尽きる。

このことは，過去8回設置された選挙制度審議会（首相の諮問機関）をみてもわかる。1～7次審の答申・報告は「結論を得るに至らず……」「実質的審議を行うに至らなかった」など不首尾を伝える文言ばかりだ。「特別委員」として各党代表の国会議員が参加し，自党に有利な主張を展開したことが響いた。この反省から，8次審は国会議員を排除，ようやく小選挙区比例代表並立制導入の答申にこぎつけた。

選挙制度改革は，各党の利害から離れた有識者による第三者機関に議論を委ねることが不可欠である。

もっとも，今回の「0増5減」

■具体案を答申できたのは8次審だけ

	設置年	答申・報告
1次	1961～62	選挙制度に踏み込まず
2次	62～63	選挙制度に踏み込まず
3次	64～65	結論出ず
4次	65～66	結論出ず
5次	66～67	結論出ず
6次	69～70	参院選挙制度改革を検討
7次	70～72	結論出ず
8次	89～91	**小選挙区比例代表並立制の導入などを求める答申**

第5章　制度改革に必要な五つの視点

を巡り，民主党や日本維新の会，みんなの党が，「0増5減」の実施を決めた12年11月の選挙制度改革法には賛成しながら，衆院選挙区画定審議会が勧告した区割り案を反映した公職選挙法改正案に反対しているのを見ると，第三者機関に議論を委ねるだけでは不十分だ。

　冒頭の参院協報告書は，下部委員会で出た「見解」として，改革を成功に導くヒントを記している。

　《拘束力の強い有識者会議を設置し，衆参両院の選挙制度の在り方について答申をいただき，実施していくのが望ましい》

　答申を尊重して立法化することを各党に担保させられるかどうか——。そこに第三者機関の成否は掛かっている。

第6章
日本の選挙制度

日本では小選挙区，中選挙区，大選挙区，比例代表と数多くの選挙制度が採用され，時代ごとに見直されてきた。欠点のない選挙制度はない，とされる中で，それぞれの選挙制度は，どのような経緯で採用されてきたのだろうか。これまで，衆参両院の選挙制度改革がどのように進められてきたのかを振り返る。

第6章　日本の選挙制度

1 衆院の選挙制度の仕組みと変遷

小選挙区比例代表並立制とは

　現在の衆院の選挙制度は，1994年に政治改革関連法が成立したことにより，「小選挙区比例代表並立制」が採用され，96年の衆院選から実施されている。

　選挙結果が出るまでの流れは次の通りだ。

　有権者は投票所で1人2票を受け取り，小選挙区選の候補者名と，比例選の政党名をそれぞれ投票用紙に書いて投票する。全国に300ある小選挙区では，それぞれ得票数が一番多い候補者が当選する。

　一方，比例選は定数180。全国11の地域（ブロック）に人口に応じて，最小の四国（定数6）から最多の近畿（定数29）まで，定数が割り振られている。

　有権者が投票した比例選の得票はブロックごとに集計される。各党の得票数を1，2，3……と整数で割り，割った後の数字が大きい順に議席を割り当てるドント式で各党の議席数を決めた上で，議席数に応じて，各党が届け出た比例選候補者名簿の上位から当選者が決まる仕組みだ。

1 衆院の選挙制度の仕組みと変遷

■衆院選の仕組み

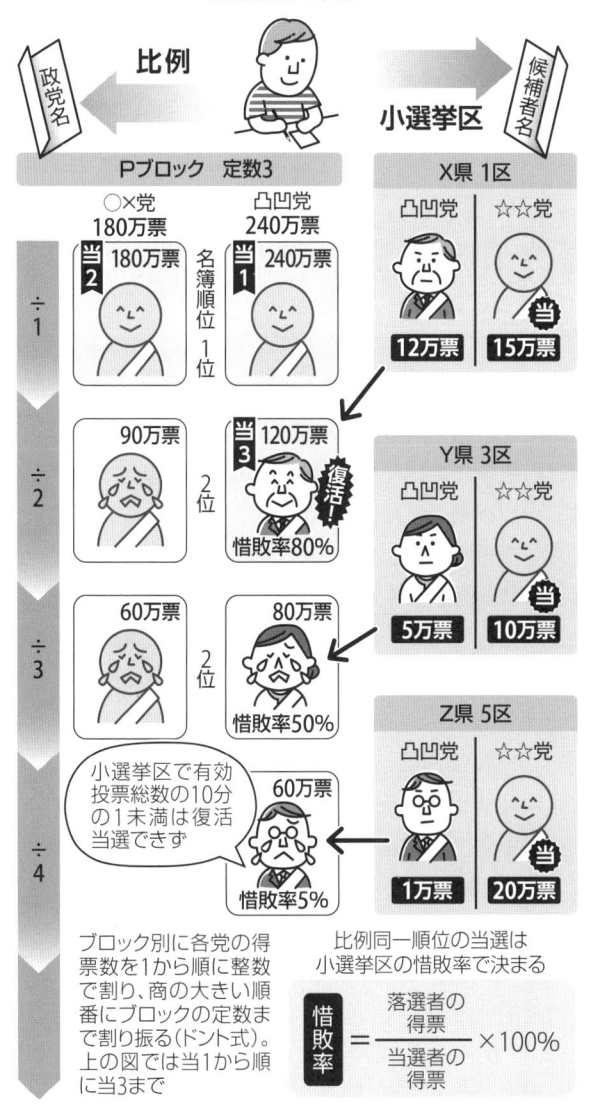

比例 ← 政党名 / 候補者名 → 小選挙区

Pブロック 定数3

○×党 180万票／凸凹党 240万票

÷1
- ○×党: 当2 180万票（名簿順位1位）
- 凸凹党: 当1 240万票（名簿順位1位）

X県1区
- 凸凹党: 12万票
- ☆☆党: 当 15万票

÷2
- ○×党: 90万票（2位）
- 凸凹党: 当3 120万票 惜敗率80% 復活！

÷3
- ○×党: 60万票
- 凸凹党: 80万票（2位）惜敗率50%

Y県3区
- 凸凹党: 5万票
- ☆☆党: 当 10万票

÷4
- 小選挙区で有効投票総数の10分の1未満は復活当選できず
- 凸凹党: 60万票 惜敗率5%

Z県5区
- 凸凹党: 1万票
- ☆☆党: 当 20万票

ブロック別に各党の得票数を1から順に整数で割り、商の大きい順番にブロックの定数まで割り振る（ドント式）。上の図では当1から順に当3まで

比例同一順位の当選は小選挙区の惜敗率で決まる

$$\text{惜敗率} = \frac{\text{落選者の得票}}{\text{当選者の得票}} \times 100\%$$

第6章　日本の選挙制度

> ### ㉛政治改革関連法
>
> 　細川内閣が，衆院小選挙区比例代表並立制導入のほか，政治家個人への企業・団体献金の禁止，政党交付金の新設などを盛りこんで法案として提出した。だが，定数の内訳や，企業・団体献金の扱いなどで，与野党が激しく対立。当時の細川首相と自民党の河野洋平総裁が臨時国会最終日に①定数は小選挙区300，比例200とする②資金管理団体への企業・団体献金を5年に限り認める——などの修正で合意。即日衆参両院の本会議で施行期日を削除した政府案を成立させた。合意内容を反映した改正法は3月の通常国会で成立した。衆院300小選挙区の区割り法案（公職選挙法改正案）なども11月までに成立している。

重複立候補

　比例選の候補者名簿の順位は政党が届け出時点で決める「拘束名簿式」だ。小選挙区の候補者は比例選と重複で立候補することも可能だ。重複立候補した候補は小選挙区で当選すれば，比例選の名簿からは除外されるが，落選した場合は，政党が獲得した議席数によって復活当選を果たすことができる。重複立候補者を同一順位に並べることも可能で，この場合，同一順位の中では，立候補した小選挙区の当選者の得票数にどれだけ迫ったかを示す「惜敗率」が高い候補から優先的に当選することになる。

　重複立候補制度は，1966年に発足した第5次選挙制度審議会で，自民党の松野頼三衆院議員（日本維新の会の松野頼久幹事長代行の父）が小選挙区比例代表並立制とセットで提案したものだ。党幹部を比例名簿上位に載せて議席を確保し，集票力をアップする狙いがあったとみられる。重複立候補制は並立制導入の道筋を付けた第8次選挙制度審議会の答申に盛り込まれ，実現したが，制度開始以降，「小選挙区で落選したのに，比例選で救われて当選するのはおかしい」との批判もある。

比例選で議席を獲得しても、その政党名簿に当選資格がある候補者がなければ、ドント方式での計算に従って、別の政党に議席を譲ることになる。

小選挙区との重複立候補者は、各小選挙区で投票総数から無効票を引いた「有効投票総数」の10分の1以上を得票できずに落選した場合、比例選の当選資格を失う。2005年衆院選では、みんなの党が比例選東海ブロックで1議席を獲得したが、名簿に登載していた唯一の候補者が重複立候補した小選挙区で大敗して、当選資格を失った。この結果、みんなの党が獲得するはずだった議席は、ドント式で次の順位だった民主党が獲得した。

予想以上の大勝で議席を得られない例もある。05年の衆院選では自民党が、比例東京ブロックで重複立候補した候補が軒並み小選挙区で当選したため、候補者が足りなくなり、1議席を社民党に譲った。同様の事態は09年の衆院選で大勝した民主党も経験した。

衆院議員を辞めて衆院議員を目指す？

このほかにも、小選挙区比例代表並立制には、導入当初には想定されていなかった課題が指摘されている。

一つは、小選挙区で敗れながら比例選で復活当選を果たした衆院議員が、議員を辞めてまた同じ小選挙区で衆院議員を目指す、という現象だ。政界には、小選挙区で当選した議員を、比例選で復活した議員より格上に見る風潮が一部に残っている上、自らの地盤の選挙区に他の候補者が立候補することを認めれば、次の衆院選では自らが出馬できるとは限らなくなるという事情がある。総務省は「公選法上、被選挙権がある者の立候補に制限はない」として法律上問題はないとしているが、わかりにくい行動である

ことは間違いない。

もう一つが、比例選出議員の政党間移動だ。現在、国会法の規定で、比例選出議員は他の既存政党に直接移ることはできないが、選挙後に「新党」が結党されれば移籍は可能になる。12年の衆院選直前にも、民主党の比例選出議員が続々と離党し、新党を結成したり、加わったりした。2013年には、みんなの党の議員らが「結いの党」を結成した。結党に参加した議員の大半は前年の衆院選か、結党のわずか4か月前の参院選で、みんなの党の得票により当選を果たした議員だった。こうした政党移動がある度に、「比例選は政党に対する投票であって、当選者が他の政党に移るのは有権者に対する背信行為だ」などの声が出る。

1990年代の政治改革論議で、小選挙区導入が求められたのは、「政党本位、政策本位の選挙の実現」だった。しかし、自民、民主両党を始め、日本維新の会など新党内でも政策の不一致がしばしば露呈している。

小選挙区制は「2大政党化の推進と、政権交代可能な政治」の実現への期待も大きかった。政権交代こそ、2009年と13年に実現したものの、自民、民主両党に収れんしつつあった2大政党制への流れは、2005年の郵政解散を巡る自民党の分裂や、民主党政権末期の分裂などにより、再び流動化が進んでいる。

区割りの見直し

小選挙区の区割りは、各地域の人口の増減に応じて見直される。

衆院選の小選挙区は、大都市部では1市区（一部は一つの市区を分割）で、人口の少ない地域は複数の市区町村により一つの選挙区を構成している。10年に1度行われる国勢調査の結果に基づき、見直し案を策定するのが、衆院選挙区画定審議会（区割り

1 衆院の選挙制度の仕組みと変遷

審）だ。区割り審は有識者で構成され，勧告は国勢調査の速報値が発表されてから1年以内に行われる。区割り審は見直し案を首相に勧告。首相は勧告に基づき，公職選挙法の改正案を国会に提出。成立した後，周知期間を経て，実際に区割りが変更される。

　区割りの見直しが定期的に行われるようになったのは，小選挙区比例代表並立制が導入され，衆院選挙区画定審議会設置法が制定されてからだ。区割りの前提となる都道府県ごとの小選挙区の数はまず都道府県ごとに1議席ずつ割り振り，残る議席を都道府県の人口比例で配分する「1人別枠」方式により，配分してきた。人口が少ない地方の代表を一定数確保できる利点があるが，2011年の最高裁判決では，「1票の格差」を生じさせる主要な要因として，廃止を求められた。このため，13年の通常国会で，都道府県の定数を0増5減する区割り法案（公職選挙法改正案）が与党などの賛成多数で可決，成立し，1人別枠方式は削除された。しかし，0増5減の対象県以外は1人別枠方式により配分された定数のままだったことから，事実上温存されているとの批判も強い。

　区割り審はどのような形で，具体的な区割りを見直すのだろうか。設置法には，区割りの基準として，①人口格差は2倍以上とならないようにすることを基本とする②行政区画，地勢，交通等の事情を総合的に考慮して合理的に行う——の2点が明示されている。このほか，区割りの見直しの際に，基本的な方針を定めており，2013年3月に勧告された区割りの見直し作業では，飛び地を作らないことや，市区町村などの行政区域を原則として分割しないことも定めた。

　並立制としての最初の区割りが1994年に決まってから，最初の見直しは2000年の国勢調査に基づいて行われた。当時，1票の格差は最大で2・573倍となっており，2001年12月に5県で

選挙区数を1増やし，5道県で1減らす「5増5減」を含む68選挙区の区割り見直し案が勧告され，2倍を超える選挙区は9に減った。

最高裁判決で作業を中断

2回目の見直し作業は，10年の国勢調査に基づき，10年から開始した。しかし，11年3月の最高裁判決で「1人別枠方式」の廃止を求めたことから，作業を一時中断。2012年11月，衆院解散の直前に，自民，公明，民主3党が0増5減を盛り込んだ選挙制度改革法が成立したのを受けて，作業を再開して2013年3月に勧告にこぎ着けた。

勧告では，全国300小選挙区のうち，17都県42選挙区の区割りを見直す案を提示した。具体的には，山梨，福井，徳島，高知，佐賀5県の小選挙区数を3から2に削減する「0増5減」を実施した上で，人口が最も少ない鳥取県の小選挙区の区割りを変更し，新鳥取2区（人口29万1103人）を人口最少の選挙区として決め，新鳥取2区の人口を下回る8県9選挙区や，人口が2倍を超える3都県4選挙区などで区割りを改めた。これにより，「1票の格差」は，最大2・524倍から「2倍」をぎりぎり下回る1・998倍に縮小した。これを受けて政府が4月に区割法案を衆院に提出し，6月に成立している。

設置法には，「人口の著しい不均衡その他の特別な事情があると認めるとき」（4条2項）にも勧告できるとの規定もある。「その他の特別な事情」には1票の格差を巡る違憲判決や，都道府県の合併などを想定している。ただ，実際に勧告された例はない。10年おきの国勢調査の中間年に行われる，対象者数を絞った簡易調査結果に基づいた区割り見直しについても行われた例はない。

1 衆院の選挙制度の仕組みと変遷

並立制導入直後の95年の簡易調査では，格差2倍以上の選挙区は60あった。しかし，最大格差2・309倍で合憲の範囲内とみられたため，1996年に開かれた区割審では，「（1票の格差の不均衡は）改定案の勧告を行う必要があるほどとは認められない」として見直しは見送られた。2005年の簡易調査も2倍を超える選挙区は48あったが，同様に勧告は見送られた。

Column 10

◀1人別枠方式と鳥取特例▶

1990年4月26日に第8次選挙制度審議会（8次審）が発表した第1次答申では，定数を500程度とし，うち6割を小選挙区，4割を比例代表とする小選挙区比例代表並立制とする案を盛り込んだが，一方で小選挙区定数を301とした案を掲載している。なぜ小選挙区の定数を300としなかったのだろうか。

答申では，小選挙区選の1票の格差を最大でも2倍未満に抑えることを基本原則として打ち出し，「まず定数を人口比例により都道府県に割り振る」としている。ただ，例外として「割り振られた数が1である都道府県について，その数を2とすることにより都道府県間の議員1人当たり人口の最大格差が縮小することとなるときは，当該都道府県に割り振る数は2とする」ことを求めた。

当時の人口で配分すると，「小選挙区定数300として最大剰余法により都道府県に割り振った場合，鳥取県は議員数1人となり，議員1人当たり人口が著しく大きくなる」との理由を挙げ，鳥取県については議員数を2人とし，小選挙区の数を301とした。

当時人口約61万6000人だった鳥取を1とすると，人口約143万3000人で定数4の岩手県と比べると，単純に定数で均等に割った議員1人当たりの人口約35万8000人と大きな格差が生じる。鳥取を2にすれば議員1人当たり人口は約30万8000人となるが，人口約181万9000人で定数4の鹿児島県の議員1人当たり人口約45万4000人余りとの差は，先の「岩手－鳥取」の格差に比べれば少なくなるためだ。

実際には都道府県への定数は，「1人別枠方式」で配分されたため，鳥取を特例的に扱う方式は「幻の提案」となった。

今後，人口減少のスピードが遅い都市部と，過疎化が急速に進む地方の間の1票の格差は短期間で拡大する可能性もある。定例の国勢調査の間に行われる簡易調査などを使い，見直しの頻度を上げることを求める声も一部にはあるが，頻繁な区割り見直しは，有権者，候補者双方に混乱をもたらすデメリットもある。

戦後の選挙制度改革

1994年に現行の小選挙区比例代表並立制が導入されるまで，戦後の日本の制度は大選挙区制，中選挙区制により行われてきた。

終戦を迎えた時，日本の衆院を構成しているのは，1942年の翼賛選挙で選出された議員たちだった。日本の民主化を進めようとする連合国軍総司令部（GHQ）の意向を受け，当時の政府や議会は早期に総選挙を実施するため，選挙制度改革を急いだ。幣原内閣が発足した後，堀切善次郎内相の下で内務省は「衆議院議員選挙制度改正要綱」を作成した。

要綱は，①戦前の定数3〜5の中選挙区制から，原則として都道府県単位での大選挙区制と改める②選挙権年齢を20歳，被選挙権年齢を25歳に引き下げる③いずれの権利も女子に認める――などの内容だ。史上初めて女性が参政権を持ち，完全な「普通選挙」が実現することとなった。選挙公営や選挙運動制限の緩和なども盛りこまれた。

要綱を受けて関係する選挙法の改正案が議会に提出されたが，大選挙区制導入そのものに大きな異論は出なかった。大選挙区制の導入は，新人候補の当選を促し，国会の改革を進める狙いがあったためだ。疎開や復員などで人口移動が激しかったため，選挙事務が比較的簡単だったことも導入の理由の一つとなった。小選挙区制は，官僚勢力に批判的な戦前の政友会・民政党の二大政

1 衆院の選挙制度の仕組みと変遷

■衆参両院の選挙制度を巡る戦後の出来事

年	月	日		衆院	参院	
1945	12	15	大選挙区制	衆院選を大選挙区制限連記制とし、議員定数は466（本土復帰前の沖縄では行政権を行使できなかったため、沖縄に割り振られた定数2は除く）に。女性に参政権が与えられる		
46	4	10		戦後初の衆院選		
	11	3			日本国憲法公布	
47	3	31		衆院選を中選挙区制（定数466）に変更		
	4	20			初の参院選。全国区（定数100）と地方区（定数150）を採用	全国区・地方区
53	11	7		奄美群島の本土復帰に伴い、衆院定数を1増の467に		
64	6	26		人口変動に伴う「1票の格差」を是正するため、衆院定数を19増の486に		
70	4	24		沖縄の本土復帰を前に沖縄県の衆院定数を5、参院定数を2と決めた。総定数は衆院491、参院252に		
75	7	4		「1票の格差」を是正するため衆院定数を20増の511に		
76	4	14		72年12月の衆院選を巡る「1票の格差」訴訟で、最高裁が最大格差4・99倍となった選挙区の区割りを違憲と判断		
82	8	18			参院選の全国区制を廃止し、拘束名簿式比例代表制を導入。地方区は選挙区に名称を変更	
85	7	17	中選挙区制	83年12月の衆院選を巡る「1票の格差」訴訟で、最高裁が最大格差4・40倍となった選挙区の区割りを違憲と判断		
86	5	22		「1票の格差」を是正するため衆院定数を「8増7減」。定数512に		
90	4	26		政府の第8次選挙制度審議会が衆院選への小選挙区比例代表並立制の導入を柱とした答申		比例代表制（拘束名簿式）選挙区選
	7	31		第8次選挙制度審議会が参院比例選に非拘束名簿方式を導入することを柱とした第2次答申		
92	12	10		「1票の格差」を是正するため衆院定数を「9増10減」。初の定数削減で511に		
93	9	17		臨時国会召集。細川内閣が衆院に小選挙区比例代表並立制の導入を柱とした政治改革関連法案（小選挙区250、比例代表250）を国会に提出		
	11	18		小選挙区を274、比例代表を226とした政治改革関連法案の修正案が衆院本会議で可決		
94	1	29		細川首相と自民党の河野洋平総裁が会談し、政治改革関連法案の修正で合意したことを発表。小選挙区300、比例代表200とし、比例選を全国11ブロックに分けることが固まる。政治改革関連法が施行期日を削除した上で成立		
	3	4		細川・河野会談の合意内容を反映させた改正政治改革関連法が成立		
	6	23			人口の多い県の議員定数が人口の少ない県の定数を下回る「逆転区」解消を主目的に、参院選挙区定数を「8増8減」	
96	9	11			92年7月の参院選を巡る「1票の格差」訴訟で、最高裁が最大格差6・59倍を違憲状態とする判決	
	10	20		小選挙区比例代表並立制導入後初の衆院選		
2000	2	2		衆院比例選の定数を20削減。小選挙区とあわせて480		
	10	26			参院選に非拘束名簿式比例代表制を導入する改正公選法が成立。定数も選挙区6減、比例代表4減の242	
02	7	24	小選挙区比例代表並立制	小選挙区比例代表並立制導入後初の区割り見直し。2000年の国勢調査に基づき衆院小選挙区を「5増5減」		比例代表制（非拘束名簿式）選挙区選
06	6	1			「1票の格差」を是正するため参院選挙区定数を「4増4減」	
11	3	23		09年8月の衆院選を巡る「1票の格差」訴訟で、最高裁が最大格差2・30倍となった小選挙区の区割りを違憲状態とする判決		
	10	17			10年7月の参院選を巡る「1票の格差」訴訟で、最高裁が最大格差5・00倍を違憲状態とする判決	
12	11	16		民主、自民、公明3党が「衆院議員の定数削減については、選挙制度の抜本的な見直しについて検討を行い、次期通常国会終了までに結論を得た上で必要な法改正を行う」ことで合意		
	11	16		「1票の格差」を是正するため衆院小選挙区を「0増5減」する選挙制度改革法が成立	「1票の格差」を是正するため参院選挙区定数を「4増4減」	
13	3	25		広島高裁が12年12月の衆院選の「1票の格差」を巡り、選挙無効（やり直し）判決		
	3	28		政府の衆院選挙区画定審議会が「0増5減」に基づく区割り改定案を安倍首相に勧告		
	6	24		「0増5減」を実現する区割り法（改正公選法）が成立		

党に有利となるため，採用されなかった。

> Column 11
>
> ◀戦前の選挙制度▶
>
> 　戦前の衆院選は小選挙区制，中選挙区制，大選挙区制とたびたび変更されてきた。
>
> 　1889年に大日本国帝国憲法が発布され，衆議院の設置が決まると，我が国最初の選挙法である衆議院議員選挙法が制定された。原則として1選挙区から1人が当選する小選挙区制が採用された。例外的に2人区も設けられたが，連記制だった。政府が小選挙区制を採用したのは，当時の欧州で主流だったためと言われる。
>
> 　1900年，山県有朋内閣は府・県を一つの選挙区とすることを基本とした大選挙区制への改正を行った。政府と政党の緊張関係が続く中，圧倒的な多数党を出現させず，以前の自由，改新，政府系政党を併存させる議会構成であれば，政党の分断をはかることができると考えたためだ。
>
> 　11年になると，西園寺内閣で原敬内相が主導し，小選挙区制案に戻す改正案を提出した。政党が権力を握るためには議会に安定的な多数勢力を持つことが必要で，大政党に有利な選挙制度を目指した。折しも，社会主義思想が国際的な高まりを見せ，日本にも影響を与えていた。原内相は，元老の山県元首相らに，「大選挙区制度では社会主義政党の進出を許す」などの主張を展開して説得した。貴族院で否決され，一度は葬り去られたが，原はその後，首相として再び取り組み，貴族院や枢密院などにあった普通選挙や社会運動に対する反発も利用し，小選挙区制復活を実現した。
>
> 　大正時代末期に政友会，憲政会，革新倶楽部を与党とする加藤高明首相の護憲三派内閣が成立すると，選挙区制は小選挙区制から，1選挙区の定数が3〜5の中選挙区制に改められた。政友会は小選挙区制を志向したが，革新倶楽部のように小政党が当選可能性の高い制度を望んだ結果，選挙区ごとに護憲三派それぞれの候補が1人ずつ立候補しても当選できるようにとの思惑が働いたとされる。

1 衆院の選挙制度の仕組みと変遷

写真18 第90回臨時帝国議会。戦後初の国政選挙となった第22回衆院選では婦人参政権が認められ，山口シヅエ，加藤シヅエら39人の女性代議士が誕生した。写真は，本会議場に陣取った女性議員。1946年撮影。

㉜政友会と民政党

戦前の帝国議会に存在した二大政党。政友会は，初代首相の伊藤博文に近い官僚出身者や憲政党メンバーにより1900年に結党され，貴族院など各勢力の統合を目指した原敬（政友会総裁）内閣は，日本で最初の本格的政党内閣と評価されている。民政党は，政友会の対抗勢力だった憲政党と，政友会から分裂した政友本党が合流し，27年に成立。浜口雄幸内閣などを組織し，政友会とともに戦前の政党政治の全盛期を担った。だが，両党とも，近衛文麿首相による「新体制運動」を受け，40年に解党，大政翼賛会に合流した。

要綱は，議会審議を経て一部修正され，有権者は，定数が4〜10の選挙区では2人，定数11以上の選挙区では3人の候補者名を投票用紙に記入できる「制限連記制」が採用された。東京都など人口の多い7都道府県が2選挙区に分割されたほかは，各県が

第6章　日本の選挙制度

一つの選挙区となり，定数4～14の議席を争うこととなった。

議会審議では，野党から自書式ではなく記号式の導入を求める声も出たが，政府側が「自書主義が我が国の原則だ」などとして否定する一幕もあった。

GHQは46年に政府関係者や現職議員らに対する公職追放を行った後，総選挙実施を許可した。4月に戦後初の衆院議員選挙が行われた。

連記制のもたらしたもの

ただ，実施してみると弊害も目立った。

戦後第1回衆院選（定数466）では，自由党が140議席，進歩党が94議席，社会党が92議席を獲得したものの，いずれも過半数には遠く及ばなかった。共産党が5議席を獲得するなど多数の小政党や無所属候補が議席を得た。GHQの期待した通り，新人の当選者は377人で定数の8割に達した。複数の候補者名を書けることが有利に働いたこともあり，国政に初挑戦した女性候補が39人当選した。

保守勢力が中心だった選挙前の帝国議会と比べると，共産党を含む革新勢力の進出がめざましかった。このことが，保守派に強い危機感を与える結果となり，その後の選挙制度改革論議に大きな影響を与えることになる。

自由党の小沢佐重喜衆院議員（生活の党の小沢代表の父）は，1947年の帝国議会で，制限連記制について「第一に進歩党，第二に共産党，第三に社会党など，政策の異なる候補者に投票することが珍しくない。全く不真面目な投票たることを免れない」と批判した。交通事情の悪い当時，選挙区全域で選挙運動をすることは難しく，費用がかさむ問題も指摘された。

1 衆院の選挙制度の仕組みと変遷

　46年の衆院選が終わると、保守政党や官僚勢力から制度改正の機運が盛り上がった。同年11月の日本国憲法制定を経て、12月の段階で自由党と進歩党の選挙法改正委員は「定数3〜5の中選挙区制への復帰」で合意した。翌47年に吉田茂内閣は選挙法改正に向け、GHQとの交渉を開始した。

　植原悦二郎内相は、「2大政党の対立による政権維持が理想であることは欧米の例にみるまでもない」として、本来は小選挙区制の導入が望ましいとしながらも、大選挙区からの変化が激しすぎることを中選挙区制導入の理由に挙げた。植原内相はこうした理由を表向き掲げつつ、共産党など左翼政党の進出を防ぐためには、大選挙区制からの転換が必要だとも訴え、保守派の危機感を代弁した。吉田首相もマッカーサー総司令官に直談判して合意を取り付けた。

　吉田内閣は1947年に全国を117選挙区に分ける中選挙区制（定数466）に戻し、投票の際に1人だけ候補者の名前を書く「単記制」の復活を柱とした改正衆議院選挙法を成立させた。政府による改正案が、GHQ民政局に「一度の選挙だけでの改正は拙速だ」として否定された経緯もあるため、中選挙区導入の部分は与党による修正という形を取った。

　与党は、会期も延長して法案提出からわずか半月程度で成立、公布にこぎつけた。保守派に有利な制度改正だとにらんだ野党は、「日本の民主化を阻害するような保守的な傾向が、日本にまた非常に残存する結果を招来する」（社会党の浅沼稲次郎衆院議員、後の委員長）などと反対し、乱闘騒ぎまで起こった。

　復活した中選挙区制は、結果として約半世紀続き、自由民主党・社会党による「55年体制」を継続させる背景ともなった。

　しばしば指摘される「同じ政党の候補者が争うため、政策論争ではなく、利益誘導合戦になる」との中選挙区制への批判は導入

第6章 日本の選挙制度

当初からあった。中選挙区制に移った際に，衆議院議員選挙法，参議院議員選挙法，地方自治法など選挙に関する規定がバラバラだったため，関係法律を議員立法として1本にまとめ，50年に「公職選挙法」が成立している。

Column 12

◀ 2大政党制と選挙制度 ▶

　日本の政治は，2003年に民主党と自由党が合併することにより，自民党と民主党による2大政党制に向かってきた。1994年に小選挙区比例代表並立制を導入したことで，小選挙区の戦いに有利な2大政党化が進むとの見通しが実現した形だが，09年の政権交代後は，民主党政権に失望した有権者の支持離れが進み，2012年衆院選と13年参院選では自民党が大勝したのに対し，野党は得票が分散する「1強多弱」と呼ばれる状況に転じた。

　衆院の定数に占める自民，民主両党の議席占有率の合計は，00年衆院選で75％だったが，03年は86％に上昇。05年は85％，09年は89％と高く，特に小選挙区（300議席）においては，03年が91％，05年が90％，09年に至っては95％に達した。

　しかし，民主党は09年の政権獲得後，消費増税などを巡って党内対立が激化。支持の低迷などを背景に生き残りをかけて新党結成や他の党に移るため，離党届を提出する動きが止まらなかった。また，09年の衆院選からはみんなの党，12年の衆院選では日本維新の会が国政に進出。「第3極」として議席を伸ばしたことで，獲得議席が野党内で分散した12年衆院選では，自民党は61％の議席を獲得したが，野党第1党の民主党はわずか12％の議席しか得られなかった。両党の議席占有率は7割強に低下し，2大政党制は大きく後退した。

1 衆院の選挙制度の仕組みと変遷

挫折繰り返す選挙制度審議会

　終戦直後から，首相の諮問機関「選挙制度調査会」が政令によって設置され，衆参の選挙区制改革や都道府県の選挙区画定方法など幅広く審議していたが，その答申はたなざらしになることもしばしばだった。

　1960年に行われた衆院選では，買収など悪質な選挙違反が前回選より大幅に増加したうえ，落選者の得票が当選者の得票を大きく上回る「人口と議員定数のアンバランス」が問題となった。池田勇人首相がこれを奇貨として，1961年に発足させたのが「選挙制度審議会」（1次審）だ。答申や意見を実現するために，法律で設置が定められ，国会議員もメンバーに入った。6月の1次審初総会では，池田首相が「答申をそのまま尊重するとは今申しあげきれないが，極力尊重する方針である。選挙区制には触れてほしいし，また触れるべき問題だと思う」と要請している。ただ，1次審は同年12月に選挙公営の拡大や連座制の強化などを答申したが，選挙区制には踏み込まなかった。

　定数の不均衡是正などを論議した1962年10月の第2次審議会でも，選挙区制を担当した第1委員会が「いずれの区制とするか，答申すべき段階ではない」としたうえで，計18人の定数増員を図ることなどを答申した。この際，審議でも「小選挙区比例代表制」について意見は出されていたが，自民党内の論調にも影響され，選挙区制の変更を盛りこむことは見送った。

　具体的な選挙区制について，踏み込んだのは1964年9月から審議が始まった第3次審議会だ。池田首相は「選挙区制その他選挙制度の根本的改善を図るための方策を示されたい」と諮問。答申は第4次審議会に持ち越しとしたものの，1965年8月の総会で，「委員長報告」として「大勢として現行制度は改正の必要がある

153

第6章　日本の選挙制度

との意見であった」としたうえで、①小選挙区制案②小選挙区比例代表制案③中選挙区制限連記投票制案——の3案に絞った審議経過をまとめた。

ただ、1965年8月からの第4次審議会は1年間活動したものの、答申は再度見送られた。1966年8月にまとめた報告では、審議経過として「小選挙区比例代表併用案」が多数意見とされた。小選挙区と比例代表の選出比率を7対3とするもので、有識者委員を中心に「個人本位から政党本位の選挙制度に変えるには最適だ」との意見が多かった。だが、社会、公明、民社の各野党から選ばれた特別委員（国会議員）から「少数党に不利な制度だ」との反対意見が続出し、3次に引き続いて3案併記にとどまった。

1967年11月の第5次審議会の答申でも選挙区制は盛りこまれなかった。5次審は選挙運動の自由化など一定の成果を残したが、区制は現行制度の改善の必要性と、「小選挙区」を基礎とする改正論が審議会内部で多数だったことを記すにとどめた。

最後の総会では、選挙区制改革を巡って、出席した33人の委員で、各党案も含めた六つの案を個別に採決することになったが、小選挙区比例代表併用制案に9人が賛成したのが最高で、単純小選挙区制案などいずれも過半数に満たなかった。高橋雄豺会長は答申後の記者会見で「（選挙）区制は政党の消長に直接影響する問題であり、いかにその解決が難しいかということがわかる。第6次審議会を政府が設けるか知らないが、区制問題については、これでそう簡単に結論が出ないことが明らかになったと言える」と語った。

1969年5月には第6次審議会が開かれたが、佐藤栄作首相は参院議員の選挙制度改善について諮問した。衆院の選挙区制は審議ではほとんど触れられず、1970年5月の答申にも盛りこまれなかった。

佐藤首相は1970年12月,第7次審議会に対し,「政党本位の選挙を実現するための選挙制度全般を通ずる根本的な改善策を具体的に示されたい」と,3次審以来となる新たな表現で抜本改革を諮問した。7次審は2年の審議の結果,1972年12月に「報告」を出した。①小選挙区と比例代表の並立(小選挙区5～6割,比例代表4～5割)案が多数意見(「併用」案も提示)②総定数は520前後に増員――などを柱とする内容だ。ただ,最も重みのある「答申」が出せなかったのは,衆院選を挟んで国会議員の特別委員が欠けたためだ。

　報告では,単純小選挙区制案と拘束名簿式比例代表制について,「それぞれ簡明で多くの長所を有する」としつつ,「短所もあるので,結局はこれらの案を組み合わせることによって相互に欠点を補完する組み合わせ案が適当であるとの意見が多数だった」としている。意見集約が図れず,実際の制度改正にはつながらなかったが,結果的には,後の8次審答申で示された小選挙区比例代表並立制導入に向けた土台の一つとなった。

小選挙区制の模索

　1994年に小選挙区比例代表並立制導入が決まるまで,小選挙区制の導入は,政治テーマとしてたびたび浮上しては,霧消した。

　戦後最初に具体的な動きが出たのは,鳩山一郎内閣の時だ。1955年10月に日本社会党,11月には自由民主党が誕生して「55年体制」が確立し,両党やマスコミの中に小選挙区制導入の必要性を感じる声が盛り上がったことが背景にある。選挙制度審議会の前身である「選挙制度調査会」(首相の諮問機関)で51年に小選挙区制導入が望ましいとの2次答申が出たこともあって,鳩山首相は55年に小選挙区制の具体案について調査会(5次)に諮

第6章　日本の選挙制度

問した。

　鳩山首相は1955年5月の調査会第1回総会で,「私は選挙法を改正して小選挙区制にするということは非常に必要なことだと思っている。とにかく選挙費用も少なくなるし,選挙が割合に楽になると思いますので,同時に日本の政局の安定ということも小選挙区制から始まるような気がします」と発言した。さらに,鳩山首相が翌56年1月の施政方針演説で「憲法改正と選挙制度の根本的改正」の意向を表明するなど,小選挙区制導入後に,議席の多数を占めて憲法改正を実現する姿勢が明らかになると,社会党などは次第に反対姿勢を強めた。

　小選挙区制導入を柱とする5次調査会答申を受け,政府は1956年3月に公職選挙法改正案を提出した。

　国会に設置された衆院公職選挙法改正案に関する調査特別委員会で,鳩山首相は「憲法を改正するために小選挙区制度を選んだわけではなく,二大政党のあり方においては一番いい制度だと思った」と釈明したが,野党は「憲法改正と永久政権を図るために3分の2以上の議席獲得を狙っており,小選挙区制導入はその手段になっている」などと反発した。

　野党の反発の理由の一つは,公職選挙法改正案に盛りこまれた選挙区の案だった。全497選挙区を1人区とした5次調査会答申の区割りを変更し,1人区を457とし,2人区を20としたことは,ゲリマンダーをもじって「ハトマンダー」と呼ばれた。野党は「(ゲリマンダーの由来となった)ゲリー知事の墓石も揺らぐほどの,古今東西にその類例を見ない党利党略だ」(社会党・島上善五郎衆院議員)などと批判した。

1 衆院の選挙制度の仕組みと変遷

> ### ㉝ ゲリマンダー
>
> 自党に有利に作成した選挙区割り。他党支持者を1選挙区に集めて周辺の選挙区を自党に有利にまとめたり，他党支持者を複数の選挙区に分散させたりする方法がある。1812年，マサチューセッツ州のエルブリッジ・ゲリー知事が州議会議員選で決めた選挙区の形が，伝説の怪物「サラマンダー」に似ていたことから，「ゲリー」と「サラマンダー」を組み合わせた造語になった。日本でも，鳩山一郎，田中角栄両元首相にちなんで，「ハトマンダー」「カクマンダー」などの造語が広まったことがある。

与党は，4月末の衆院本会議での強行採決を狙ったが，乱闘騒ぎを奇貨として，小選挙区制導入に消極的だった自民党の益谷秀次議長が休憩とした。その後の議長裁定で，法案から区割り案を削除し，改めて選挙区画定委員会に策定を任せることとして参院に送付されることとなった。参院では会期が残り短く，結局は成立を断念した。

鳩山首相は自身の回顧録で，「小選挙区法については，反省すべき点があったことは否めない。それは何といっても，憲法の改正を急ぎすぎて，そのため小選挙区制をとろうとしたことが第一である。この小選挙区法案は何といっても，鳩山内閣最大の失政であった」と振り返った。

田中内閣の再挑戦

鳩山内閣の試みから約15年後，再び小選挙区制に焦点が当たった。小選挙区制導入を試みたのは，田中角栄首相だ。1972年末の第7次選挙制度審議会の「報告」を受け，小選挙区導入に動いた。田中首相は翌73年4月，「私は根っからの小選挙区制論者」だと表明し，選挙区制の改革に意欲を示した。

背景の一つは，1972年衆院選で，沖縄本土復帰の実現や田中

首相の選挙巧者ぶりもあって，党内に楽観論もあったにもかかわらず，自民党が大敗し，社会，共産両党が躍進したことがある。田中首相は元々，小選挙区制に反対の立場だったが，保守勢力の退潮傾向への懸念から，小選挙区制導入が自民党に有利に働くとみて，意欲を示すようになった。翌74年夏に参院選が迫り，参院での自民の過半数割れを想定し，今のうちに小選挙区制導入を実現し，「再可決」が可能になる3分の2以上の議席を確保できるようにしておきたい，との狙いもあった，という。

　これに対し，社会，共産両党など野党は結束して反対を表明した。当時の経済界や文化人からも反対論が起こり，国会外では，国民による「小選挙区制粉砕」を求めるデモまで起きた。党内にも，三木武夫副総理を始めとして慎重・反対論が広がった。通常国会会期末が近付いた1973年5月，鈴木善幸総務会長が「選挙関係法案は延長国会でも出す考えはない」と表明。田中首相も「提出すれば必ず成立させるということを前提にはしていない。がむしゃらに押しているのではない」と軌道修正を図り，通常国会への法案提出は断念に追い込まれた。その後も田中首相は断続的に小選挙区制導入に意欲を見せたが，実現には至らなかった。

　鳩山，田中両内閣では，党利党略で区割り案を決めるなど，小選挙区制に対する悪いイメージを広めることにつながった。小選挙区制導入の機運は一気にしぼみ，具体的な議論は，8次審の始動まで16年以上待つことになった。

「政治改革」の機運

　1988年に発生したリクルート事件など「政治とカネ」を巡るスキャンダルが多発したことは国民の政治不信を高めた。リクルート事件は，与党だけでなく野党の政治家にも疑惑広がったの

が特徴だった。最終的には，竹下登首相にも疑惑が及んだことで内閣退陣にまで発展した。

　国民からの批判を受け，政界には，腐敗を生む温床を断つためには選挙制度を改めなければ解決につながらないとの議論が起きた。自民党は同年12月，後藤田正晴・党選挙制度調査会長を委員長とする「政治改革委員会」を設置。竹下首相は翌89年2月の施政方針演説で「選挙そのもののあり方についても検討を進め，思い切った改革をしなければなりません」と強調した。同年1月には私的諮問機関として「政治改革に関する有識者会議」も設置し，首相退陣表明後の4月に「提言」を出し，「金のかからない政策中心の選挙の実現」が掲げられた。

　政治改革委員会も5月に「政治改革大綱」を決定した。大綱では「日本の政治はおおきな岐路に立たされている。リクルート疑惑をきっかけに，国民の政治にたいする不信感は頂点に達し，わが国議会政治史上，例をみない深刻な事態をむかえている」と強い危機感を表した。衆院の選挙区制についても，「国民本位，政策本位の政党政治を実現するため，小選挙区制の導入を基本とした選挙制度の抜本改革にとりくむ。そのさい，少数世論も反映されるよう比例代表制を加味することも検討する」と明記。自民党として，小選挙区制を目指す方向を改めて示した。この時，野党各党も公職選挙法改正案を提出するなどしたが，政治資金の規制強化などが柱で選挙区制には触れられなかった。

　後藤田委員長は後に，読売新聞のインタビューに「僕は試案として，小選挙区に比例代表を加味した『並立制』を党内で説明した。もともと，政府の第7次選挙制度審議会の報告にこの案があるんです。これは現在の制度につながりました」（2004年，時代の証言者）と答えている。

第6章　日本の選挙制度

8次審の発足

　竹下内閣の退陣後，1989年6月に宇野宗佑内閣が誕生すると，早々に第8次選挙制度審議会（8次審）を発足させるよう自治相に指示した。選挙制度審議会は，1972年12月に7次審が報告を出して以来，「休眠」状態にあったが，久々に復活した。

　宇野首相は同月，審議会の委員27人を任命したが，「世論の理解を得ることが政治改革に不可欠」との狙いからマスコミ関係者を多く起用した。会長には小林与三次・日本新聞協会長（読売新聞社長）が就任した。一方で，審議から党利党略に基づく議論を排除するため，国会議員による特別委員を任命しなかった。

　宇野首相は，「選挙制度および政治資金制度の根本的改革のための方策」を諮問し，翌90年3月までの取りまとめを要請。第1回目の総会では「中選挙区，小選挙区のいずれがいいと言うわけではないが，野党も政権をとれるような体制を整えてほしい」と述べた。

　ただ，この時点ではリクルート事件の捜査が終結していたこともあり，自民党内では政治改革に対する熱は冷めつつあった。89年5月にまとめられた政治改革大綱には「政府の第三者機関に対し，答申の趣旨にしたがう国会決議をおこなったうえで諮問して，その結論を実行する」と盛りこまれていたが，国会決議は行われないままスタートとした。国会議員が参画せずに出した答申には各党からの反発も懸念され，委員からは「どんなにいい案を作っても実現されないのでは意味がない」との声も漏れた。

　それでも8次審は1990年4月，「選挙制度及び政治資金制度の改革についての答申」を全員一致で決定し，宇野首相の後任の海部俊樹首相に提出した。答申では，①小選挙区比例代表並立制の導入，②比例代表は全国11ブロック，③小選挙区と比例代表の

定数比は6対4,④定数は501,⑤小選挙区と比例代表の2票を投じる方式——を打ち出している。衆院の選挙区制について明確に方向を打ち出した審議会の答申は初めてだった。

　答申を受けとった海部首相は記者団に「不退転の決意で対応していきたい」と述べ,答申の実現に強い意欲を示した。小沢一郎幹事長も「不退転の決意で改革に取り組む」と呼応したが,野党は「小選挙区ありきだ」と一斉に反発した。

世論の後押し

　田中内閣の時と違うのは,世論の反応だった。読売新聞が5月に実施した世論調査では,8次審の答申について,ほぼ半数の49・0％が「評価できる」とし,「評価できない」の35・4％を上回った。中選挙区制の弊害についても半数以上が認めるなど,国民の選挙制度改革への期待は高かった。

　選挙区制を担当した第一委員会の堀江湛委員長(慶大法学部長)は衆院特別委員会の審議で,答申で決まった「並立制」案について,「得票率のわずかな変化で議席が大きく変わる小選挙区制の特性を緩和する」「少数勢力も議席を確保しうる比例代表制を組み合わせるのが適当だ」などの意見があったと説明した。

　一方,自民党では,政治改革本部が11月,答申と骨格部分は一致しつつも,定数471(小選挙区300,比例代表171)などとした「政治改革基本要綱」案を了承し,12月の総務会で決定された。要綱をベースに,党政治改革本部などで検討がさらに進められ,91年5月には「政治改革関連法案」の骨子が取りまとめられ,党議決定された。

　政府は6月,骨子に沿った「選挙制度及び政治資金制度の改革の方針」を審議会に示した。改革方針では,小選挙区定数につい

第6章　日本の選挙制度

て人口比例配分とした審議会答申とは異なり、1人別枠方式を採用している。

　審議会は改革方針に基づき、1票の格差が2・146倍となる小選挙区の区割りを答申した。27の選挙区が2倍を超えるが、堀江委員長は記者会見で「ある程度の格差はやむを得ない」と述べている。

政治改革関連法案の廃案

　並立制の導入が具体化する中、自民党内の反対論も強くなってきた。

　自民党は1991年6月以降、選挙制度調査会総会、政調審議会を相次ぎ開き、政府がまとめた政治改革関連3法案を長時間の議論の末に了承したが、総務会は紛糾。西岡武夫総務会長が一方的に議論を打ち切って党議決定を宣言した。

　海部内閣は3法案を7月に閣議決定し、8月に召集した臨時国会に提出した。海部首相は所信表明演説で「厳しくつらい改革を何としてもなし遂げ、国民の負託と信頼にこたえられる新しい政治を作り上げていかなければなりません。（法案の）成立に向けて、皆さんのご理解とご協力をお願い申しあげます」と訴えた。党内の反対論に加え、野党も反対姿勢を崩しておらず、成立の見通しは立っていなかった。国会での審議は難航した。衆院政治改革特別委員会に付託されたが、与党・自民党の質疑者13人のうち、9人が反対、慎重論の立場から質疑に立つ異例の事態となった。

　委員会は9月末の理事会で、小此木彦三郎委員長が法案を審議未了・廃案とする見解を示し、了解した。海部首相は廃案が決まった直後に、自民党幹部に対し、衆院解散を示唆する「重大な決意」との言葉を漏らした。解散をちらつかせたことに、支持母

体である最大派閥・竹下派の離反を招き，退陣に追い込まれた。

廃案を受け，国会では新たな動きが起こった。自民，社会，公明，民社各党の国会対策委員長が10月に会談し，政党間の協議機関「政治改革協議会」（座長・小渕恵三自民党幹事長）の設置で合意した。

11月には海部首相の後を受けた宮沢喜一首相が，所信表明演説で「各党間の協議会で御論議を深めていただきたい」「おおむね1年をめどに具体的な結論が得られるよう念願しております」と求めた。92年6月には国会議員の資産公開や選挙公営拡大など18項目の改革案について，共産党を除く各党の合意を見たが，選挙区制は入っていなかった。

比較的高い支持率でスタートした宮沢内閣だったが，就任から2か月後，宮沢派前事務総長だった阿部文男衆院議員が鉄骨加工メーカー「共和」からの受託収賄容疑で逮捕されると，政府・自民党内に危機感が広がった。

自民党の政治改革本部と選挙制度調査会の合同総会を開いて，政治改革法案の取りまとめに入らせた。同党は12月の合同総会で，衆院を定数500の単純小選挙区制度とすることなどを柱とした「政治改革の基本方針」を決定。この間も，10月に東京佐川急便事件で金丸信前副総裁が議員辞職する（翌93年3月には脱税事件で逮捕）などスキャンダルが相次ぎ，再び政治不信の高まりとともに，改革機運が盛り上がった。

第6章　日本の選挙制度

> ### ㉞東京佐川急便事件
>
> リクルート事件とともに「政治とカネ」をめぐる代表的な事件で，一連の政治改革を行う契機となった。事件では，暴力団系企業への巨額の債務保証などで会社に損害を与えたとして，東京佐川急便（現在は佐川急便に吸収合併）の元社長らが1992年，東京地検特捜部に旧商法の特別背任容疑で逮捕された。起訴総額は952億円に上った。捜査の過程で政界への多額の献金も判明，5億円のヤミ献金を受け取っていた金丸信・元自民党副総裁は政治資金規正法違反で略式起訴され，議員辞職に追い込まれた。

　宮沢内閣は1993年4月，単純小選挙区制導入や政治資金規制強化などを盛りこんだ政治改革関連4法案を衆院に提出した。8次審が示した小選挙区比例代表並立制ではなく，単純小選挙区制を選んだのは，自民党にとって有利とみたためだ。一方で，党内の一部にはあえて野党の反発がより強い制度を主張することで，廃案に追い込み，その責任を野党に押しつけようとする思惑もあったとみられている。

　一方，社会党は同時期，党内に設置された「政治改革プロジェクト」小委員会が，小選挙区比例代表併用制の導入を含めた提言を取りまとめた。公明党と協議のうえ，同年4月に併用制を柱とした政治改革関連6法案を衆院に提出し，両法案の審議に入った。自民党と社会・公明両党は中選挙区の廃止が必要との認識は共有していたものの，両案の内容の隔たりは大きく，当初から合意に至る可能性は低かった。

　両法案を付託された衆院政治改革特別委員会では，自民党は単純小選挙区制について，「小選挙区制の一番良いところというのは，やはり政権政党を国民が選べるという点だ」「もう一つは，安定的な政策が打ち出せるという点です」（自民党・深谷隆司議員）と主張した。これに対し，野党は「40％の国民の支持しかない，少なくとも60％が否定をしているような政権が立法府の議会に

おいて80％，90％も議席を占める。これが果たして民主的と言えるかどうか」（公明党・井上義久議員）などと批判した。

民間では，財界人や有識者らで構成する政治改革推進協議会（民間政治臨調）が4月，「小選挙区比例代表連用制」を提案するなど，国会内外に，与野党の妥協を促す声が高まった。社会，公明，民社，社民連，民改連，日本新党の6党が連用制を軸に選挙制度改革で合意を図るべきとの意見で合意。社会，公明，民社の3党で「小選挙区275，比例代表225」の修正案をまとめた。宮沢首相は5月末の時点で自民党側に妥協案の作成を要請し，テレビ番組でも「政治改革はこの国会でやるんです。私はウソをついたことはない」と述べるなど，成立に向けた強い意欲を示していた。

だが，自民党内では，野党との妥協推進派と，「単純小選挙区制を貫くべきだ」とする妥協慎重派の二つに分かれ，激しく対立した。自民党内で意見がまとまらないまま，宮沢首相は自民党案を特別委で採決する方針を決めた。自民党案を参院に送ったうえで大幅に会期延長を図り，間近に迫ったサミットを混乱なく乗り切るために衆院解散を回避したい考えだったが，党内外の情勢を読み誤っていた。

野党は，直ちに内閣不信任案を提出。不信任案の採決では，竹下派から分裂し，政治改革に積極姿勢を示すことで政界再編成を狙っていた羽田・小沢派から大量の造反者が出たことで可決され，そのまま解散総選挙に突入した。

細川内閣の誕生

1993年7月の衆院選では，自民党は過半数256を下回る223議席にとどまった。社会党は70議席まで惨敗，自民党を離党し

第6章　日本の選挙制度

た羽田孜氏や小沢一郎氏らが結党した新生党，細川護熙代表が率いる日本新党，武村正義代表の新党さきがけの三つの新党が議席を伸ばした。

選挙後，細川護熙日本新党代表と武村正義新党さきがけ代表は，「『政治改革政権』の提唱」と題した基本政策を発表した。小選挙区250，比例代表250とする「小選挙区比例代表並立制」を新しい選挙制度の基本としていた。

これに対し，社会，新生，公明，民社，社民連の5党がこの構想に参画することを確認した。自民党も総務会で，単純小選挙区制の同党案を翻して，小選挙区比例代表並立制の実現を期することを含めた「基本姿勢」を決定した。過半数確保のキャスチングボートを握った日本新党とさきがけを取り込むことで政権を奪取しようと，自民，非自民両陣営が競いあった。

結局細川，武村両氏は自民党ではなく，非自民勢力との連立を選択し，先の5党に参院会派の民主改革連合を加えた7党1会派は7月，「連立政権樹立に関する合意事項」に署名し，細川氏を首班指名することで一致した。合意事項には，具体的な定数配分はなかったものの，「小選挙区比例代表並立制による選挙制度改革」が盛りこまれた。この時点で「並立制」に反対していた社会党も立場を転換する結果となった。

8月の特別国会で正式に細川内閣が発足した。細川首相は所信表明演説で，「衆議院において，制度疲労に伴う様々な弊害が指摘されている現行中選挙区制に代えて小選挙区比例代表制を導入いたします」と明言した。細川内閣は企業・団体献金などの規制と合わせて政治改革を最重要課題に掲げ，関連法案の年内成立も公約した。

選挙区制を巡る議論は，並立制を前提に定数配分などより技術的な論点に移った。

1 衆院の選挙制度の仕組みと変遷

　連立与党はすぐに政治改革関連法案の取りまとめに入った。主義主張が大きく異なるため「ガラス細工」と形容された連立政権だけに，並立制の制度設計でも主張は分かれた。社会，日本新，さきがけ各党は小選挙区250，比例代表250の2票制だったのに対し，新生，公明両党は小選挙区300，比例代表200とした上で，小選挙区の候補者の票を比例選では候補の所属政党の得票とみなす「1票制」を主張した。最終的には社会など3党案が採用された。内閣発足から1か月弱で，連立与党会派は政治改革関連法案の骨格で合意した。比例代表は全国1ブロックで行う案だった。

　これに対し，自民党は政治改革本部で対案の取りまとめに着手し，9月の総務会で「政治改革要綱」を決定。衆院選挙制度では，定数を471（小選挙区300，比例代表171）とし，投票は記号式1票制とし，比例代表の区域は都道府県単位とした。自民党内でも1票制と2票制で議論が分かれた。河野洋平総裁らは連立与党と同じ2票制を支持していた。1票制は無所属候補の支持者が比例代表で意思表示できず，「憲法上疑義がある」との内閣法制局見解があったためだ。

　連立与党案は比較的中小政党に，自民党案は大政党に，それぞれ有利な案とみられていた。両案は内容に相違点はあったものの，小選挙区の区割りを策定する第三者機関の設置，「1人別枠方式」の採用，重複立候補を認める――などの一致点も少なくなかった。これらはいずれも現行制度に反映された。

　細川内閣は9月に臨時国会を召集し，公職選挙法改正案など政治改革関連4法案を閣議決定した。衆院では10月に審議入りし，政治改革に関する調査特別委員会（石井一委員長）に付託された。特別委では1か月間審議されたが，連立与党案と自民党案の隔たりは縮まらなかった。

　定数配分について，細川首相は「小選挙区制と比例代表制を同

じ比重で組み合わせることによりまして、それぞれの制度の持つ特性を相互補完的に補っていこう、生かしていこう、そういう考えに立つ」と訴えたが、自民党は「国民の選択が最も集約をした形で衆議院に反映される小選挙区をやはり基本とするというのが私たちの基本的哲学であります」（伊吹文明議員、現衆院議長）と譲らなかった。比例代表を巡っても、政府が「多様な民意をそのまま選挙に反映をするという比例代表制の趣旨を徹底」（細川首相）のために全国単位としたのに対し、都道府県単位とした自民党は「比例部分の役割は、小選挙区では議席に結びつかなかった比較少数の意見を吸収すること、すなわち小選挙区における選挙結果を補完すること」（鹿野道彦議員）と主張した。

連立与党と自民党は11月、委員会審議と並行して、法案修正協議に入ることで合意した。定数やその配分、比例代表の区域、投票方法などを協議したが、結論は得られなかった。衆院本会議採決の直前、細川首相と河野総裁が会談し、首相側から「衆院定数を500とし、小選挙区274、比例代表226」などとする妥協案を提示したが、河野総裁は拒否した。連立与党は、自民党の賛成を得られる見通しがないまま、この妥協案を反映する形で法案を修正の上、衆院本会議で可決、参院に送付した。

参院の否決と深夜の合意

参院では、冒頭から波乱含みの展開となった。自民党が補正予算審議の先行を求めるなど審議を引き延ばしたためだ。与党が自民抜きでの審議再開を通告し、法案送付から1か月経過した年末になってようやく総括質疑に入れた。実質的な審議は翌94年1月から再開されることになった。細川首相は記者会見で、年内成立の公約を守れなかったことを陳謝したうえで、「全力を挙げて

政治責任を全うする」と強調した。

　1月21日に行われた参院本会議の採決では，賛成118票，反対130票で修正案は否決された。自民党から5人が賛成したものの，社会党会派の17人など連立与党から18人が反対に回った。この時，採決後に議場から出てきた参院議員を，後に首相となった安倍晋三氏らが拍手と歓声で出迎える一幕もあった。社会党も党内の対立が決定的となった。

　参院の否決後，両院協議会が開かれたが，協議は難航した。会期末を翌日に控え，土井たか子衆院議長が細川首相と河野総裁をそれぞれ議長公邸に呼んでトップ会談の開催を提案した。合意は難しいとみられていたが，その日の夜，国会内で会談に臨んだ細川，河野両氏は，政治改革関連法案について，①小選挙区300，比例代表200とする，②比例代表は全国11ブロックとする──など，現行制度につながる10項目に及ぶ合意文書を交わした。合意事項を盛りこむための修正が間に合わないため，次期通常国会の冒頭で本格修正することを前提に，衆参両院で現状の法案を取り急ぎ成立させる方針も確認された。そのため，施行期日を空白にして施行を凍結することとした。この時点で，衆院の選挙制度が，中選挙区制から小選挙区比例代表並立制へと移行することが正式に決まった。

　細川首相は共同記者会見で「6年越しの政治改革が決着しない限り，経済の問題もうまくいかない，国民の政治に対する信頼も回復できない。また，国際社会に対する我が国の信頼も低下していく。この状況の中で政治改革法案の区切りをつけなければいけない」と合意の意義を強調。河野総裁も「国民が注視する中で，我々は合意した。この問題に関わってきた多くの先輩方のご苦労に感謝しながら最後の決断をさせていただいた」と語った。

　1994年1月29日，衆参両院は両院協議会の成案として政治改

革関連4法は賛成多数で可決，成立した。通常国会は同年1月末に召集され，合意事項の法制化に向けて連立与党と自民党による「政治改革協議会」で協議し，衆院特別委で4法改正案が委員会提出法案として決定された。改正法は3月4日に参院本会議で可決，成立した。

2 参院の選挙制度の仕組みと変遷

現行制度の仕組み

参院選は，全国1区の非拘束名簿式比例代表制（定数96）と都道府県単位の選挙区（定数146）選を組み合わせ，計242人を3年ごとに半数ずつ改選する方法で行われている。

有権者は比例選と選挙区選の2票を投票する。

比例選の改選定数は48で，各党が提出した候補者名簿の中から候補者の名前を書くか，党名を書いて投票する。党名票と個人名票の合計が各党の得票となり，衆院比例選と同様に各党の得票に応じて，ドント式で議席が比例配分される仕組みだ。政党内での候補者の順位は個人名の得票数によって決まり，各党に配分された議席の数に基づき，上位から順番に当選が決まる。

一方，選挙区選は都道府県ごとに2～10の定数が配分されている。3年ごとの改選定数は半数の73。31ある改選定数1の「1人区」，10ある「2人区」のほか，改選定数3の「3人区」（埼玉，千葉，愛知），4人区（神奈川，大阪），5人区（東京のみ）の5種類の選挙区がある。

2 参院の選挙制度の仕組みと変遷

■参院選の仕組み

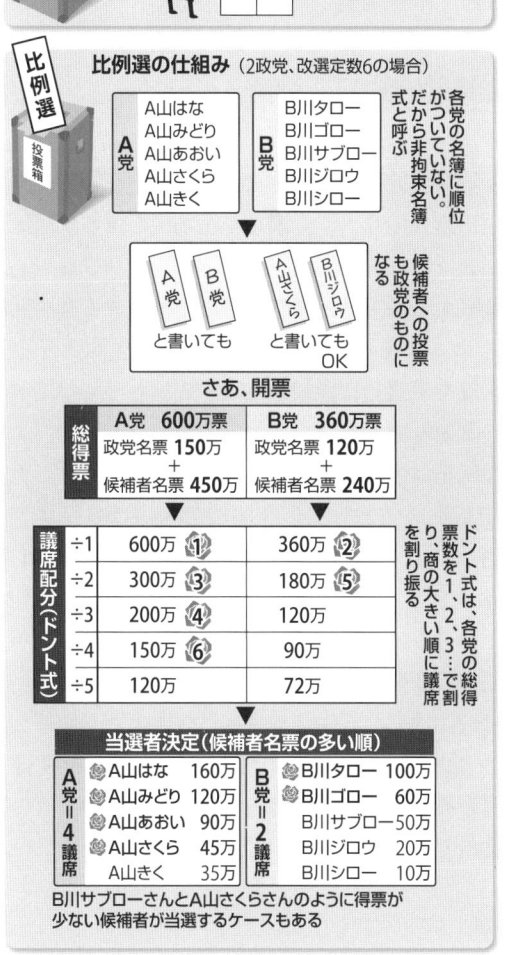

選挙区選

（改選定数2の場合）

都道府県ごとに決められた改選定数の人数が当選する

比例選

比例選の仕組み（2政党、改選定数6の場合）

A党: A山はな、A山みどり、A山あおい、A山さくら、A山きく

B党: B川タロー、B川ゴロー、B川サブロー、B川ジロー、B川シロー

各党の名簿に順位がついていない。だから非拘束名簿式と呼ぶ

「A党」「B党」と書いても、「A山さくら」「B川ジロウ」と書いてもOK

候補者への投票も政党のものになる

さあ、開票

総得票	A党 600万票	B党 360万票
	政党名票 150万 + 候補者名票 450万	政党名票 120万 + 候補者名票 240万

議席配分（ドント式）

	A党	B党
÷1	600万 ①	360万 ②
÷2	300万 ③	180万 ⑤
÷3	200万 ④	120万
÷4	150万 ⑥	90万
÷5	120万	72万

ドント式は、各党の総得票数を1、2、3…で割り、商の大きい順に議席を割り振る

当選者決定（候補者名票の多い順）

A党=4議席
- ◎A山はな 160万
- ◎A山みどり 120万
- ◎A山あおい 90万
- ◎A山さくら 45万
- A山きく 35万

B党=2議席
- ◎B川タロー 100万
- ◎B川ゴロー 60万
- B川サブロー 50万
- B川ジロー 20万
- B川シロー 10万

B川サブローさんとA山さくらさんのように得票が少ない候補者が当選するケースもある

第6章　日本の選挙制度

　近年は都市部の人口増と地方の過疎化で拡大する1票の格差を是正しようとして，都道府県定数の見直しが行われている。ただ，改選定数1の選挙区は定数を減らすことができないため，改選定数2の2人区を1人区にし，その分都市部の選挙区の定数を増やす形で行われている。

無所属議員が最多

　戦前の貴族院に代わって誕生した参院は1947年に発足した。

　発足当初の議員定数は250。内訳は各都道府県を1選挙区とする地方区選出議員150人，全国を1選挙区とする全国区選出議員100人だった。

　地域を代表する地方区と，有識者らを選出する全国区の二本立てとしたのは，衆院との違いをどう打ち出すか，苦心した結果だった。衆院を落選した候補を処遇する場として参院が活用されないようにとの配慮もあった。

　第1回参院選は1947年4月20日に投開票された。地方区は各選挙区の定数を偶数とし，46年当時の人口に基づき，各選挙区人口に比例して2〜8議席が配分された。2人区25，4人区15，6人区4，8人区2だった。3年ごとに半数を改選する仕組みだったが，第1回のみは，上位で当選した候補の任期を6年，下位で当選した候補の任期を3年とすることで対応した。

　選挙には全国区に246人，地方区に331人が立候補し，社会党が47議席，自由党が39議席，民主党が29議席を獲得したが，無所属議員が最多の108議席を占めた。地方区の1票の格差は，最大2・62倍だった。

「銭酷区」「残酷区」

　定数を全国区と地方区に割り振る参院独自の選挙制度は，72年の沖縄返還に伴って沖縄選挙区を設置して定数を2増する変更があったものの，1982年に公職選挙法が改正され，全国区制に代わって拘束名簿式比例代表制が導入されるまで続いた。

> **㉟沖縄返還**
>
> 　第2次世界大戦後，沖縄は米軍の施政権下に置かれた。本土とは異なり，通貨は米ドルが使われ，自動車は右側を通行した。のちに首相となる佐藤栄作氏は1964年の自民党総裁選で沖縄返還を政治課題として提起。京都産業大教授の若泉敬氏を密使として使いながらニクソン米大統領と交渉を進め，69年11月，在任中3回目の訪米で返還合意に至った。72年5月15日，沖縄の施政権が返還され，27年ぶりに日本に復帰した。

　この間に12回の選挙が行われたが，全国を1選挙区とする全国区は，選挙運動に巨額の費用がかかった。知名度の低い候補が得票するためには，各地に後援会を作り，有権者に名前を覚えてもらうため，候補者は選挙前から全国各地を回り続けた。業界団体や宗教団体，労組など大きな組織の支援がなければ，当選は容易ではなく，長期の運動は身体的な負担も大きかった。全国区をもじって，「銭酷区」「残酷区」と呼ばれるようになっていった。

　1980年参院選では，5選を目指した民社党の向井長年副委員長（当時69歳）が体調不良を押して遊説に出かけた結果，開票日の夕方に病死した。最終的に約89万票を獲得し，テレビが当選確実を放送した直後のことだった。直前に病床を見舞った同党の佐々木良作委員長は「向井は壮烈な戦死や」と悲嘆の声を漏らした。全国区の候補者が過酷な選挙戦で消耗し，死に至るケースはこのほかにもあった。1971年参院選では自民党の村上孝太郎氏，社会党の山本伊三郎氏，62年参院選でも自民党の松村秀逸氏が

第6章　日本の選挙制度

写真 19　参院本会議　質問する民社党の向井長年氏。
（国会で，1976 年 1 月 28 日撮影）。

当選後に亡くなった。

　全国区の「残酷区」ぶりを当時の自民党参院議員たちは 2000 年に読売新聞に証言している。

山東昭子元科技庁長官　「74 年の時は党でやってもらった選挙で 5 億円ぐらい（かかった）。80 年の時は自分でやって 1 億円ぐらい。どこに行ってしまうかわからないお金もあった」

佐藤信二元通産相　「選挙の 1 年前に日本鋼管を辞めて，1 年かかって日本全国を一通り歩いた。経費は毎月どんどん増えていった。1 か月 100 万円だったのが，150 万円，200 万円という具合に。何に金を使うかというと，リーフレット類，文書を配布するのに使う。後援会への入会案内は，得票目標の 3 倍ということで 200 万人分の名簿を作った」

田沢智治元法相　「全国区は選挙事務所の維持費が膨大にかかる。当時は40歳代で元気もあったから夜も寝なくて平気だったが，それだけ体力が必要だ。1日に1県か2県回る。車に乗って県境で次の車に引き継いだ」

山口淑子元参院議員　「選挙は一にも二にもお金。私の頃は『五当四落』（5億円かければ当選，4億円なら落選）と言われたが，億単位のお金が動く。北海道から沖縄まで歩かなければならないし，お金が湯水のごとく出ていった」

　自民党の斎藤栄三郎元参院議員が，80年の旧全国区選挙の実態を記した「誰も言わない政治の内幕」によると，斎藤氏は，ポスターやパンフレット，はがきの製作と配布，郵送などの文書通信費で約2億5000万円，約80人のアルバイトの人件費などを含む全国15か所の後援会事務所の運営費で約2億円かかったと証言している。

比例選の導入

　全国区では，候補者がタレントや労組幹部，高級官僚，特定の利益団体代表に偏る弊害も目立ち始めた。全国区の改革問題は，1974年参院選の金権選挙批判をきっかけに急速に高まり，全国区の弊害を解消するためには新たな選挙制度を導入する必要があるとして，自民党は全国区制プロジェクトチームを設置して議論した。政府の選挙制度審議会でも66年の第5次審議会から比例代表制導入の議論が行われ，佐藤栄作首相が設置した第6次審議会では，名簿式比例代表制の導入を求める意見が多数を占めた。

　もともと当時の田中角栄首相は74年参院選から全国区を改革する方針で，自民党は非拘束名簿式を採用する試案をいったんまとめていた。しかし，野党各党が一斉に反発したため立ち消えに

第6章　日本の選挙制度

写真20　参院全国区選出議員の当選証付与式に出席した青島幸男（左）と横山ノックの両氏が当選証書を手にニッコリ。（国会で）1968年7月。

なった経緯がある。その後，自民党は社会党の賛成が得やすいとみて，拘束名簿式の採用に傾いた。

　自民党参院改革促進委員会は1977年，全国区に拘束名簿式比例代表制の導入を目指す「参院全国区選出議員選挙法」（仮称）の要綱試案をまとめた。試案では，①政党，政治団体は，順位を記載した候補者名簿をあらかじめ提出②投票は，候補者でなく政党を対象③得票数による議席数の配分は，ドント式で計算──などを骨子としている。小川平二自治相も同年7月，「現在の制度は問題が多すぎる。拘束名簿式比例代表制を導入すべきだ」と閣議で提案し，政府内でも導入に積極的な動きが出始めた。

㊱拘束名簿式と非拘束名簿式

　拘束名簿式は，政党が比例選名簿で候補者の順位をあらかじめつけておく制度で，有権者は各党に投票する。参院では，全国区制が廃止された1982年参院選から98年まで実施された。これに対し，非拘束名簿式は比例名簿で候補者の順位をあらかじめ付けない。参院選では有権者は政党名，候補者名のどちらでも投票でき，政党名票と候補者名票を合わせた総得票数に応じて各党に議席が配分され，党ごとに候補者名の得票が多い順に当選が決まる。2001年参院選で導入され，13年まで計5回行われている。

　自民党内には拘束名簿式比例代表制について「必ずしも自民党に有利にならない」と慎重な意見もあったが，結局，自民党は，拘束名簿式比例代表制導入を実現する公職選挙法改正案を国会に提出。元自治事務次官で自民党の金丸三郎参院議員は1981年10月14日の参院本会議での法案の趣旨説明で次のように改正の必要性を述べた。

　「現在の全国区制度が国全体という広大な地域を選挙区とし，8000万人の有権者を対象とする個人本位の選挙となっているので有権者にとって候補者の選択が著しく困難であること，また，多くの候補者にとって膨大な経費を要することなど，これらの問題点の解消を図ることが必要であると考える。現在の個人本位の選挙制度から政党本位の選挙制度に改めることが適当だ」

　自民党の提案に対して，野党は民社，公明，共産など各党が反対姿勢を明確にした。最大の理由が，参院の政党化が進むことへの批判だった。参院本会議での金丸氏の趣旨説明に続く代表質問では，野党各党から「参院がみずから存在理由と機能を否定し，放棄するもの。参院としての自殺行為とも言うべきだ」（民社党の柄谷道一氏），「自民党案は参院本来の機能を失わせ，もう一つの衆院を作ることにほかならない。両院制を否定し，ひいては議会制民主主義の破壊につながる暴挙だ」（公明党の大川清幸氏）な

どと激しく反対した。

鈴木善幸首相は「この改正によって必ずしも参院本来の機能を発揮することができなくなるとは考えていない。政党化は避けられないということを前提にして、現行の全国区制の弊害を除去し、かつ衆議院に対する異質性を発揮し得るような選挙制度を採用すべきであるという立場に立って、改正案を取りまとめた」と答弁した。

無所属候補が立候補できなくなることも問題視された。自民党案では、候補者名簿を提出できる政党その他の政治団体は、①国会議員5人以上が所属する政党②直近の衆院選または参院選で有効投票総数の4％以上の得票を得た政党③10人以上の所属候補者を有する政党——の三つの要件のいずれかを満たす必要があった。第6次選挙制度審議会では、元内閣法制局長官の林修三氏が「立候補は完全に政党あるいは政党に準ずる団体からの推薦制あるいは名簿制で割り切ってしまえということについては、若干憲法上の問題がそこに残るのではないだろうか」と指摘した。

公選法改正案の審議では、一部の野党が強硬な反対姿勢を保ったままだったが、徳永正利議長が「この法律の施行後に新法の施行状況等を勘案し、必要により本制度に検討を加えるものとすることで円満な処理を行ってほしい」と各党に要請し、同法案は1982年8月18日の衆院本会議で可決、成立した。

ミニ政党ブーム

比例選が導入されたことで、政界に新たな流れをもたらした。すでに立候補の要件を満たしている既成政党以外に、小政党が「10人の候補者」を集めて出馬する動きが活発になったのだ。83年参院選では、自民、社会、公明、民社、共産の主要5党以外に

写真21 当選を決め，万歳をするサラリーマン新党青木代表（右）と八木大介氏。

13のミニ政党が候補者を擁立。サラリーマン新党が2人，税金党や福祉党，二院クラブがそれぞれ1人を当選させるなど，ミニ政党全体で7議席を獲得し，話題を呼んだ。

1983年参院選以降，ミニ政党の参入は選挙のたびに増えた。候補者を擁立したミニ政党，政治団体は，83年参院選が13，86年が22，89年は35に達した。89年はリクルート事件，消費税導入，農産物の市場開放など，政権与党の自民党に対して厳しい逆風が吹き荒れたこともあって，各党が自民離れが予想される浮動票の取り込みを狙って積極的に参戦した。比例選の候補者数も385人（ミニ政党は276人）に達し，前身の全国区制時代を含めても史上最多となった。

ミニ政党の多くは，年金や福祉，環境など身の回りの様々な問題を単一政策として訴え，年金党や老人福祉党，「原発いらない人びと」など，政党名に党の重視する政策を打ち出した党名が目

立った。2013年参院選で日本維新の会から比例選で当選したアントニオ猪木参院議員が「スポーツ平和党」を結成して出馬したのも89年参院選だった。

89年参院選は、自民党の惨敗と社会党、連合の勝利により、与野党逆転という歴史的な結果となった。ただ、ミニ政党はスポーツ平和党が初の議席を得る一方、老舗のサラリーマン新党が獲得議席ゼロとなり、ミニ政党全体では4議席の獲得にとどまった。

1992年参院選になると、ミニ政党は参入数が前回の35から33と初めて減少に転じ、頭打ちの状況となった。その一方で、熊本県知事だった細川護熙氏が結成した日本新党が初めて国政選挙に挑戦し、4議席を獲得したほか、二院クラブ、スポーツ平和党がそれぞれ1議席を確保した。参院選に候補を擁立するミニ政党の数は、95年、98年と減少し続けた。95年に比例選候補の供託金が1人400万円から600万円に引き上げられ、98年には新聞広告費の公費助成を受ける条件として1％の得票率の獲得が義務づけられるなど、ミニ政党が参戦しにくくなったことが背景にあった。

非拘束名簿式の導入

1982年の公選法改正により導入された比例代表制は、86年に見直しの是非を検討する協議が始まった。拘束名簿式の導入を決めた82年の公選法改正の際に、徳永正利参院議長（当時）が「2回（83年、86年）実施したあと、必要により再検討する」との見解を表明したためだ。藤田正明議長は86年10月に「見直し作業に早急に着手し、12月中に各会派の意見集約を」と要請した。

自民党では、拘束名簿式の比例代表制に移行した後、比例選候

2　参院の選挙制度の仕組みと変遷

補は党員 2 万人、後援会 100 万人の獲得を義務づけられた。各候補は当選確実な名簿の上位登載を目指して、規定より多くの党員獲得に奔走した。参院自民党が 87 年 8 月に参院議員にアンケート調査したところ、7 割の議員が個人名投票を認める非拘束名簿式に移行すべきだという意見だった。

　一方、野党各党は意見が割れた。社会党は非拘束名簿式に変更するよう求める意見が大半を占めたが、公明、共産両党は現行制度を支持、民社党はブロック制導入または非拘束名簿式を主張していた。

　1988 年 11 月には参院議長の私的諮問機関である参院制度研究会（座長＝林修三・元内閣法制局長官）が、①現行の比例選（拘束名簿式）を廃止し、選挙区選のみとする②比例選を残す場合は、個人名投票（非拘束名簿式）を認める――など、拘束名簿式比例選の改廃を正面から打ち出した答申をまとめ、土屋義彦議長に提出した。

　第 8 次選挙制度審議会でも、衆院選挙制度に関する 1 次答申を提出した後に参院選挙制度改革について本格的に議論を開始した。第 2 次答申では、比例選について、政党名投票のほか、個人名投票も認め、当選者は個々の得票順で決定する非拘束名簿式とすることが盛り込まれた。8 次審では、政党化を薄めるため、公平な第三者機関による推薦を受けた候補者によって選挙を行うという「推薦制」の導入も検討されたが、憲法 43 条の「両議院は全国民を代表する選挙された議員でこれを組織する」という規定に触れる恐れがあるとの指摘もあり、答申には審議経過のみが記された。ただ、このときは野党各党が非拘束名簿式を「旧全国区制の復活」（社会）、「党利党略的」（共産）などと一斉に反発した。

　8 次審答申のうち、衆院選挙制度改革は基本的に実行されたが、参院選挙制度改革は手つかずのままとなった。

その後も政党間の合意が得られず,参院の選挙制度改革は進まなかった。1993年には参院に選挙制度改革検討委員会が設置され,①一票の格差を是正するため8増10減の定数是正を行う②比例選に非拘束名簿式を導入する——などを柱とする公選法改正案大綱が策定された。1997年9月にも,当時の自民,社民,新党さきがけの与党3党が定数削減を含む選挙制度の見直しを進めることで合意したが,具体化しなかった。

改革の障害となったのは,制度の変更が現職議員にとっては死活問題となることだった。議員は「総論賛成,各論反対」になりがちだった。

打開のきっかけとなったのは,入閣したばかりの参院議員,久世公堯金融再生委員長に持ち上がった資金供与問題だった。久世氏は2000年7月,マンション業界大手「大京」などに党費を立て替えてもらっていたとして,閣僚を更迭された。自民党内では「拘束名簿式による構造的な問題だ」との批判が強まった。自民,公明,保守の与党3党は導入に前向きだったが,民主党など野党は「問題のすり替えだ」と批判した。民主党の江田五月参院議員は全国区に出馬し,選挙直後に亡くなった向井長年,村上孝太郎両氏の例を挙げ,「本当に全国を走り回って(選挙運動をしよう)と思うと銭酷区あるいは残酷区,まさに身命を賭す(ことになる)」と反対した。

同年9月21日に召集された臨時国会では,参院比例選に非拘束名簿式を導入するための公職選挙法改正案が最大の焦点となった。与党は参院に特別委員会を設置したが,法案に強く反発する共産,社民,自由の3党は委員名簿の提出を拒否し,与野党は冒頭から激突した。さらに民主党を加えた野党4党は,公選法改正案の提出を見合わせるよう自民党に申し入れた。

これに対し,斎藤十朗参院議長は29日,職権により3党の委

員を指名した。委員名簿の提出拒否に対し，議長が職権で委員を指名したのは，衆参両院を通じて現憲法下で初めてだった。公選法改正案を審議する参院選挙制度特別委員会は10月2日，野党側が欠席し，自民，公明，保守3党の出席により与党単独で審議入りした。特別委は13日，二院クラブを除く野党が欠席する中で公選法改正案を自民，公明，保守3党の賛成多数で可決した。

　国会は混乱が続き，斎藤参院議長は16日，参院の与野党各会派の代表者による懇談会を開き，参院比例選の改選定数（50）の半数を与党案の非拘束名簿式，残り半数を現行の拘束名簿式とする組み合わせ方式を柱とするあっせん案を提示したが，与党側は受け入れを拒否したため，斎藤議長はあっせん打ち切りを宣言し，辞職した。改正案は19日に参院本会議を通過し，26日に衆院本会議で成立した。非拘束名簿式導入と併せて定数も10削減され，2001年参院選から実施された。

　非拘束名簿式が取り入れられた01年参院選では，芸能人やスポーツ選手など知名度の高い「タレント候補」が急増した。非拘束名簿式の導入により，候補者の個人名での投票が可能になったため，集票力アップにつながると判断したためだ。読売新聞社の集計では，タレント候補は98年は17人だったのに対し，01年は44人に急増し，全体の約1割を占めた。選挙区の7人に対し，比例選には37人が立候補した。特に自由連合は選挙区と比例選に計22人を擁立した。

　その中で，国際政治学者の舛添要一氏（自民党，現東京都知事），プロレスラーの大仁田厚氏（自民党），テレビタレントの大橋巨泉氏（民主党）らが抜群の集票力を見せ，開票早々に当選を決めた。全体では，比例選で出馬したタレント候補37人の戦績は8勝29敗で，自由連合の19人は全敗した。

第6章　日本の選挙制度

進まぬ改革

　参院の選挙制度改革は，1票の格差を巡る判決で厳しい判断が示されたこともあり，急務となっている。ただ，2001年の参院選で比例選に非拘束名簿式が導入されて以降，本格的な改革は見送られており，わずかに格差是正のための定数の増減が行われた。

　2006年と2012年に行われた都道府県の定数をそれぞれ「4増4減」する公選法改正では，最大格差こそ一時的に縮小したものの，大都市部の定数を増やすために，本来は定数削減の必要がない，改選定数2の2人区を1人区に変更した。一時しのぎのこうした措置により，いびつな選挙制度になっている，との指摘もある。

　12年に改正された公選法では，付則に16年夏の参院選までに「抜本的な見直しについて結論を得る」と明記している。参院では，各会派の代表で構成する選挙制度協議会が設置され，具体的な議論を始めているが，過去の選挙制度改革と同様，各党の利害が絡む制度改革をどのように進めるのか，与野党には知恵を出すことが求められている。

第7章
各国の選挙制度

　各国はどのような選挙制度を採用し，どう運用しているのだろうか。各国の選挙制度に関して継続的に調査を行っている国立国会図書館のリポートや，外務省，各国大使館のホームページなどで公表されている資料をもとに，最近の動きをまじえて紹介する。

第7章 各国の選挙制度

1 多数代表制と比例代表制

各国の選挙制度

各国が採用する選挙制度で、一般的なのは小選挙区制と比例代表制だ。

日本の衆院にあたる下院の選挙で小選挙区制を採用しているのは、英国、フランス、米国などだ。一方、比例代表制はイタリア、オランダ、イスラエルなどで採用している。ドイツは、両者を組み合わせた小選挙区比例代表併用制だが、実質的には比例代表制の性格が強い。

選挙区ごとに上位の票を得た候補者が当選する制度を「多数代表制」と呼び、小選挙区制が代表的だ。国立国会図書館の調べによると、多数代表制を採用している国が半分近くで、比例代表制は4割弱だ。

㊲国立国会図書館

1948年に設立された国内唯一の国立図書館。立法府である国会に属し、衆参両院の議院運営委員会の監督下にある。納本制度に基づき、国内で刊行されるすべての出版物が納入される。収集した資料は文化的財産として保存され、データベースで目録も作成する。個人に対する館外貸し出しは行っていない。

小選挙区制は、各選挙区の定数が1で、得票数が最上位の候補が当選する。各政党が擁立する候補者が1選挙区につき1人のため、有権者による「政権選択」がしやすいのが特徴だ。当選する可能性がある候補者に投票が集まりやすく、大政党に有利とされる。有権者は死に票を避けようとする心理が働くためだ。このた

1 多数代表制と比例代表制

■主な国の下院の選挙制度

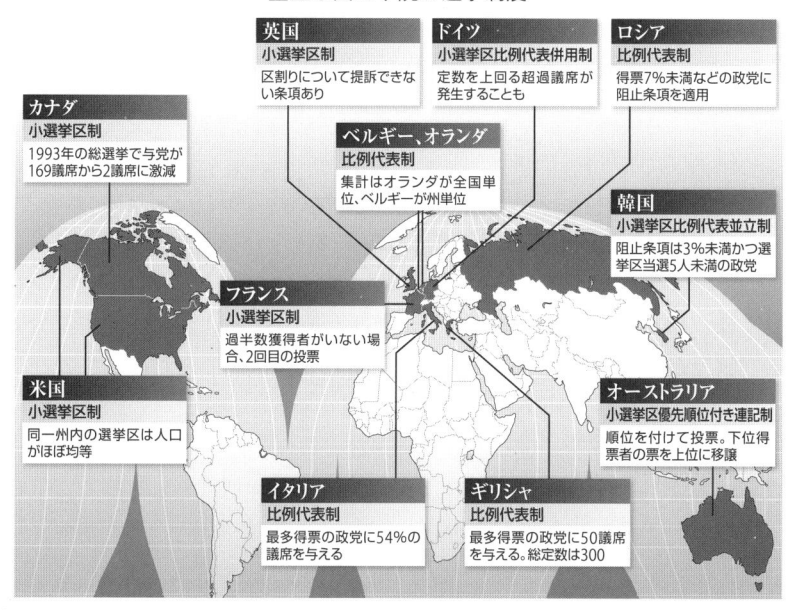

英国 小選挙区制
区割りについて提訴できない条項あり

ドイツ 小選挙区比例代表併用制
定数を上回る超過議席が発生することも

ロシア 比例代表制
得票7%未満などの政党に阻止条項を適用

カナダ 小選挙区制
1993年の総選挙で与党が169議席から2議席に激減

ベルギー、オランダ 比例代表制
集計はオランダが全国単位、ベルギーが州単位

韓国 小選挙区比例代表並立制
阻止条項は3%未満かつ選挙区当選5人未満の政党

フランス 小選挙区制
過半数獲得者がいない場合、2回目の投票

米国 小選挙区制
同一州内の選挙区は人口がほぼ均等

オーストラリア 小選挙区優先順位付き連記制
順位を付けて投票。下位得票者の票を上位に移譲

イタリア 比例代表制
最多得票の政党に54%の議席を与える

ギリシャ 比例代表制
最多得票の政党に50議席を与える。総定数は300

め、小選挙区制を採用している国では、2大政党制の国が多い。民意が集約されやすいため、他の選挙制度に比べて、単独や少数の与党による安定した政権が誕生しやすいのも特徴だ。

少数の得票差でも最上位の候補者が当選する仕組みのため、得票率以上に議席に差がつきやすい傾向がある。このため、「振り子現象」とも呼ばれる劇的な議席移動も起きる。1993年10月のカナダの下院選（定数295）では、不況と高い失業率への有権者の不満が与党の進歩保守党に向かい、選挙前の169議席から、わずか2議席にまで激減する歴史的な大敗を喫した。英国でも、1997年5月の総選挙で、与党・保守党が解散時の議席を半減させたことがある。

全国的に一定の支持を得ていても、各選挙区で最高得票を得ら

第7章　各国の選挙制度

れない政党は議席を獲得できず,少数意見を議席に反映しづらいという欠点もある。

小選挙区制の中には,最も多い票を獲得すれば,候補者の当選が決まる単純多数制と,過半数の得票を得る候補者が出るまで投票を行う絶対多数制がある。

多数代表制のうち,選挙区から複数の候補者が当選する制度が大選挙区制だ。有権者が1票しか投票できない制度は「単記制」と呼ばれ,複数の投票ができる「連記制」と区別される。日本では,1993年の衆院選まで一つの選挙区から2〜6人が当選する制度が採用されていた。日本では,「中選挙区制」と呼ばれていたが,大選挙区制の一種で,有権者は1票しか投票できなかったため,「大選挙区単記制」とも言える。

各党が一つの選挙区に複数の候補者を擁立することも可能で,有権者は各党の政策に加え,候補者個人の実績や能力などを基準に投票することができた。小選挙区制に比べ低い得票率でも当選できるため,強固な後援会組織を築き上げた議員は連続当選しやすい。ただ,同じ党の候補者同士は政策の違いを打ち出すことが難しく,日本では,同じ党内での派閥争いを助長したり,有権者に対するサービス合戦を招き,腐敗の温床になっているとの批判があった

国立国会図書館によると,選挙区の定数が2以上で,有権者が1人の候補を選ぶ「単記制」を採用している例は,アフガニスタンなどわずかだ。

比例代表制の仕組み

一方,比例代表制は,政党や候補者に対して投票し,その得票をもとに議席を比例配分する制度だ。各党の中でだれが当選する

1 多数代表制と比例代表制

■選挙制度の長所と短所

小選挙区制　定数…1

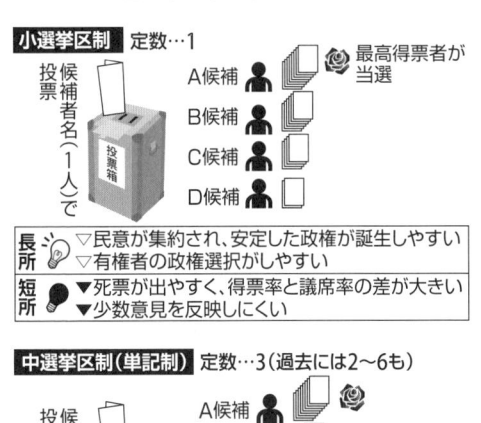

投票：候補者名（1人）で
- A候補
- B候補
- C候補
- D候補

最高得票者が当選

長所	▽民意が集約され、安定した政権が誕生しやすい ▽有権者の政権選択がしやすい
短所	▼死票が出やすく、得票率と議席率の差が大きい ▼少数意見を反映しにくい

中選挙区制（単記制）　定数…3（過去には2〜6も）

投票：候補者名（1人）で
- A候補
- B候補
- C候補
- D候補
- E候補

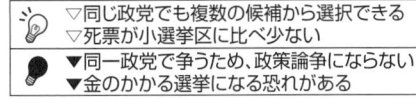

- ▽同じ政党でも複数の候補から選択できる
- ▽死票が小選挙区に比べ少ない
- ▼同一政党で争うため、政策論争にならない
- ▼金のかかる選挙になる恐れがある

比例代表制（非拘束名簿式）　定数…各ブロックごとに配分された数

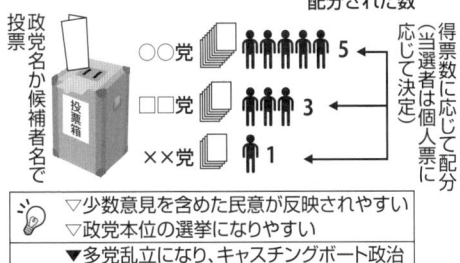

投票：政党名か候補者名で
- ○○党　5
- □□党　3
- ××党　1

得票数に応じて配分（当選者は個人票に応じて決定）

- ▽少数意見を含めた民意が反映されやすい
- ▽政党本位の選挙になりやすい
- ▼多党乱立になり、キャスチングボート政治になりやすい
- ▼政権の枠組みが選挙後の政党間の協議で決まる傾向が強まる

第7章 各国の選挙制度

かは，あらかじめ当選の順番が決まっている「拘束名簿式」のほか，得票に応じて当選者が決まる「非拘束名簿式」などがある。議席を比例配分する計算方式もドント式や最大剰余法，サンラグ式などがあり，各国によって異なる。

　比例代表制は得票に応じて議席が比例配分されるため，得票率の比較的低い中小政党でも議席を獲得しやすい制度で，少数意見が反映しやすい特徴がある。このため，国内が複数の言語圏に分かれていたり，民族や信仰する宗教が多様な国に適しているとの見方がある。全国1区で行えば，「1票の格差」も生じない。全国を複数のブロックに分割する場合でも，小選挙区制や中選挙区制に比べて，定数が大きいため，定数の増減により格差の是正が進めやすい利点もある。

　問題は多党分立を招きやすく，連立交渉などのために，政権発足に時間がかかったり，発足後も政権が不安定化したりする可能性が高いことだ。キャスチングボートを握った政党が，議席の多い政党より強い影響力を発揮することもある。

　このほか，多数代表制と比例代表制を組み合わせた並立制や併用制など，混合型と呼ばれる方式を採用する国もある。小選挙区比例代表並立制は日本の衆院のほか，韓国（一院制）などで採用されている。原則として，小選挙区と比例代表のそれぞれの得票で獲得議席が決まる。日本の参院選は，比例代表制と改選定数1〜5の選挙区が混在している。小選挙区，大選挙区，比例代表制の混合型だ。

　小選挙区比例代表併用制は，ドイツやニュージーランドなどで採用されている。各党は，比例選の得票に応じて議席を配分されるが，小選挙区の得票がトップだった候補者は当選となる。比例選で獲得した議席より小選挙区選で得た議席が少なければ，残る議席は比例選の名簿から当選する候補者が選ばれる。一方，比例

選での獲得議席より小選挙区の当選者が多ければ、上回った議席は「超過議席」として当選が認められるため、定数より実際に選ばれる議員が多くなることがある。

混合型には、併用制と呼ばれる制度もある。小選挙区の最高得票者を当選として、小選挙区の当選者数を決めた後に比例選の議席を配分する仕組みだ。各党の比例選獲得議席は、得票数を「各党の小選挙区での当選者数＋1」、「同＋2」……の順に割って、その値の大きい政党に定数が埋まるまで配分する。小選挙区で当選する議員が多い大政党は比例選で議席を獲得しにくくなり、中

■小選挙区制の仕組み（英米などの単純小選挙区制）

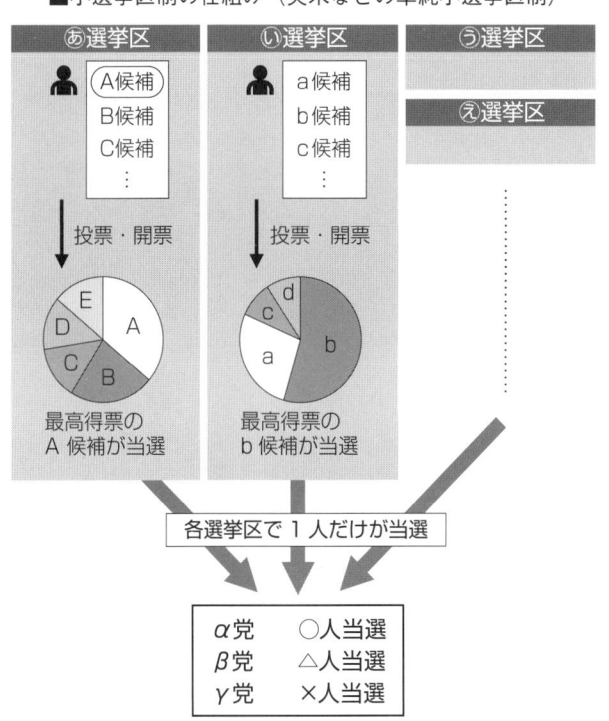

あ選挙区	い選挙区	う選挙区
A候補 B候補 C候補 ⋮	a候補 b候補 c候補 ⋮	
		え選挙区
↓投票・開票	↓投票・開票	
最高得票の A候補が当選	最高得票の b候補が当選	

各選挙区で1人だけが当選

α党　○人当選
β党　△人当選
γ党　×人当選

第7章　各国の選挙制度

小政党にとっては有利だ。ただ，比例選における，有権者の投票の価値は大政党に投票すれば小さくなり，中小政党に投票すれば大きくなるという，価値の不平等が生じるとの批判がある。国政選挙で連用制を採用している国はなく，地方議会で英国のスコッ

■小選挙区比例代表併用制の仕組み

第1票　小選挙区
- a候補
- b候補
- c候補
- ⋮

第2票　比例選
- A党
- B党
- C党
- ⋮

↓投票

開票

小選挙区：最高得票の候補が当選

比例選（定数全体の議席数を配分）：得票に応じて比例配分／得票率5％未満などの政党には配分されず

（例）
小選挙区選
- A党当選者　80人
- B党当選者　75人

比例選
- A党当選者　100人
- B党当選者　70人

最終結果
- A党当選者　100人
- B党当選者　75人

※5人は超過議席（小選挙区当選者数が比例選の配分議席数を超えた分）

1　多数代表制と比例代表制

トランド，ウェールズ，ロンドンの各議会が，連用制に似た仕組みを採用しているのみだ。

Column 13

◀各国の区割り見直し▶

　多数代表制や混合型の選挙制度では，人口の増減に応じた区割りの見直しが欠かせない。各国の区割り見直しはどのように行われているのだろうか。

　英国は，裁判官などの有識者で構成する委員会が5年ごとに区割り見直しを行う。公聴会を開くなど意見公募の手続きを経て，見直し案を国務大臣に勧告。議会両院の承認を経て，勅令として発効される。勅令に対しては，有権者数の不均衡を理由とした選挙無効訴訟を起こすことはできないのが特徴だ。

　ドイツでは，連邦議会（下院）選挙後の最初の議会開会から15か月以内に裁判官らによる委員会が検討する。連邦議会議員の任期は4年なので，原則として4年ごとに見直しが行われる。

　フランスでは政府が区割り案を作成し，大統領や両院議長が指名する委員で構成する委員会に付託。委員会の答申をふまえ，議会で法律が制定されることで区割りが確定する。

　一方，米国の下院選では，各州の人口に比例して議席数が決まった後，州内をどう切り分けるかは，州議会が決める例が多い。議会の多数派と知事が同じ党に属している場合，対立する政党の地盤を分断して区割りする例もある。

　また，日本は選挙区内の人口もしくは有権者数の最少と最多を比べる「1票の格差」が基準だが，海外では，選挙区の人口に関する基準を，様々な形で定めている。議員1人あたりの人口や有権者数の平均を割り出し，各選挙区がどれだけ平均値から離れているかを物差しにする国が多い。フランスは20％，ドイツは25％を超えてはならないとしている。英国は一部の島嶼部の選挙区については，格差の基準を当てはめないとしている。

　ノルウェーやデンマークでは面積や人口密度が区割りに加味される。各州2人ずつ選出することが憲法に明記され，人口格差が問題にならない米国の上院のような例もある。

第7章 各国の選挙制度

2 小選挙区制

英　国

　日本の選挙制度改革や国会改革論議で参考にされてきた英国は現在，保守党と自由民主党が連立内閣を構成している。2010年5月の下院選挙で，36年ぶりにどの政党も過半数を獲得できない「ハング・パーラメント（宙ぶらりんの議会）」となったためだ。2大政党制の国として知られる英国で，連立政権が発足するのは65年ぶりだ。

　英国の下院選では単純小選挙区制が採用されており，650ある小選挙区それぞれで，最も多くの得票を得た候補者が当選する。この結果，2大政党に比べ基盤の弱い第3党以下の候補者が当選するのは難しい状況が続いてきた。第2次世界大戦後は，保守党と労働党のいずれかが政権を獲得する2大政党制が続いてきた。ハング・パーラメントを招いた10年の下院選でも，定数（650）

■英国の選挙制度

二院制	
上院（定数なし＝2013年10月現在の議員数は771）	下院（650）
任命制，世襲制	小選挙区制。法案審議は下院が優越。選挙公約の政策法案を上院では否決，抜本修正しない「ソールズベリードクトリン」という慣習がある
任期は終身，もしくは官職指定世襲議員は当該職期間	^
13年10月現在，聖職貴族26，一代貴族660，世襲貴族89	^

2010年下院選の結果

- その他　28
- 自由民主党　57
- 労働党　258
- 保守党　307

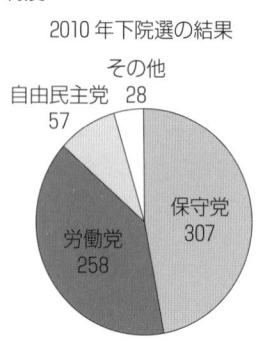

194

の9割弱は保守党と最大野党・労働党の2大政党が占めている。

ただ、国民の2大政党離れは進んでいる。戦後から1970年代にかけて両党の合計得票率は常に9割前後を占めた。だが、1974年2月の下院選で戦後初の少数派議会が生まれた後は8割を割りこんだ。欧州統合に伴う政策課題の変化、冷戦後のイデオロギー対立の消滅、英社会の人種的な多様化や地域主義の高まりなどを受けて小政党が続々誕生。2005年以降の下院選での2大政党の合計得票率は6割台にまで落ち込んでいる。

㊳欧州統合

1950年、ロベール・シューマン仏外相が、独・仏の石炭・鉄鋼の共同管理として提案したことをきっかけに始まった、ヨーロッパの全部または一部の国による政治的、法的、経済的、あるいは社会的、文化的な統合。52年、ヨーロッパは「欧州石炭鉄鋼共同体」（ECSC）を創設、58年には経済統合を進める「欧州経済共同体」（EEC）、原子力エネルギー分野での共同管理を進める「欧州原子力共同体」（EURATOM）を発足させた。これら3つの共同体は67年に運営機関が統合され、「欧州共同体」（EC）として再スタートし、「欧州連合」（EU）につながっている。

こうした2大政党離れを背景に、10年の下院選で選挙制度改革を掲げた自由民主党が連立政権入りすると、選挙制度改革が焦点となった。同党の要求により、単純小選挙区制より民意が反映しやすいとオーストラリアで採用されている「優先順位付き連記制」が国民投票にかけられた。選挙区内で最多得票を得られれば当選する単純小選挙区制に比べ、改革案は、特に選挙区内で得票2位となることが少なくない自民党に有利とみられていた。しかし、2011年5月に行われた投票結果は、賛成はわずかに3割強で、反対は7割弱に達し、改革案は否決された。改革案には、保守党が選挙事務の経費が余計にかかることなどを理由に反対した。国民の間には、2大政党政治からの脱却を望む声は存在するものの、

第 7 章　各国の選挙制度

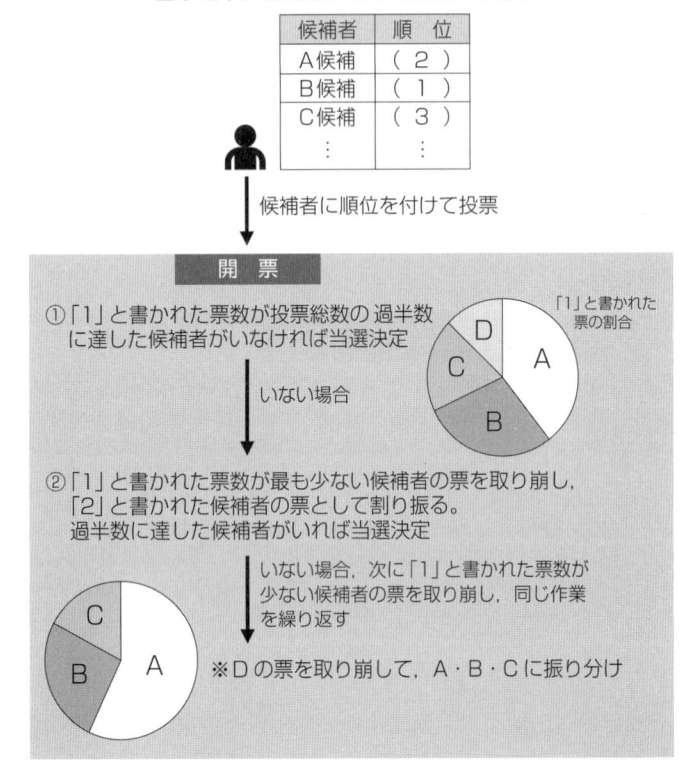

■小選挙区優先順位付き連記制の仕組み

候補者	順　位
A候補	（ 2 ）
B候補	（ 1 ）
C候補	（ 3 ）
⋮	⋮

候補者に順位を付けて投票

開　票

① 「1」と書かれた票数が投票総数の過半数に達した候補者がいなければ当選決定

「1」と書かれた票の割合

いない場合

② 「1」と書かれた票数が最も少ない候補者の票を取り崩し，「2」と書かれた候補者の票として割り振る。過半数に達した候補者がいれば当選決定

いない場合，次に「1」と書かれた票数が少ない候補者の票を取り崩し，同じ作業を繰り返す

※Dの票を取り崩して，A・B・Cに振り分け

あまりに複雑な投票制度だったため，急激な変化を嫌う英国民の多数が敬遠したとの指摘もある。

　翌年には保守党の求めていた下院選の区割り変更が自由民主党の反対により頓挫した。2015年に行われる予定の次期下院選で，保守党の選挙基盤が弱い北部を中心に議席を減らし，現行定数を650から600に削減することを実現するもので，1票の格差は大幅に縮小する見通しだった。しかし，自由民主党と野党・労働党が主導する形で，区割り見直しと定数削減は18年まで先送りさ

れることが決まった。

区割りに関しては、これまでは行政区画が重視されてきたが、2011年の法改正で選挙区間の有権者数の格差を縮小することになった。従来も各地域の選挙区平均有権者数にできるだけ近いものであることが求められていたが、厳密な基準は存在しなかった。法改正後は、一部の島などを除き、全国の選挙区の平均有権者数の95％から105％以内でなければならない、という基準が設けられた。

一方、上院は世襲貴族や政党推薦の有識者（一代貴族）、英国教会の司教らからなる。定数はなく、2013年10月現在771議席。有権者の意思を強く意識する下院と異なり、大所高所から立法に関与し、大衆迎合主義や下院の「暴走」への歯止め役を期待される存在だ。下院選の政権公約（マニフェスト）に盛り込まれた内容の法案を否決したり、大幅に修正したりしない「ソールズベリー・ドクトリン」と呼ばれる慣習も定着している。

> ㊴ ソールズベリー・ドクトリン
>
> 英国議会の下院と上院の関係についての不文律で、政権与党が下院選の政権公約（マニフェスト）に盛り込んだ内容の法案を上院が否決したり、大幅に修正したりしないという慣習。貴族院保守党クランボーン子爵が1945年に示した。

フランス

フランスは大統領制の下で二院制を採用している。国民会議（下院、定数577）選は、英国と同じ小選挙区制ながら、絶対多数制で行われるのが最大の特徴だ。有権者にとっては1回目の投票で支持した候補者が落選した場合でも、2回目の投票では、残った候補の中から「よりましな」候補者に投票することが可能で、

第 7 章　各国の選挙制度

■フランスの選挙制度

二院制	
上院（定数 348）	下院（577）
小選挙区 2 回投票制など	小選挙区 2 回投票制
おおむね各県を選挙区の単位として，下院議員，地方議員らが選挙人となり，間接選挙で選出	過半数を獲得した候補者がいない場合，決選投票で選出。法案審議は下院が優越

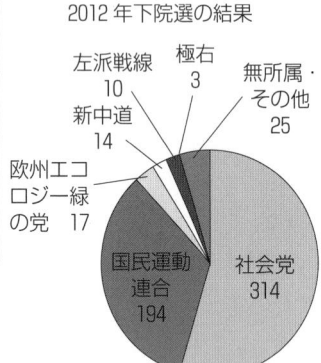

2012 年下院選の結果

- 社会党 314
- 国民運動連合 194
- 欧州エコロジー緑の党 17
- 新中道 14
- 左派戦線 10
- 極右 3
- 無所属・その他 25

■小選挙区 2 回投票制の仕組み

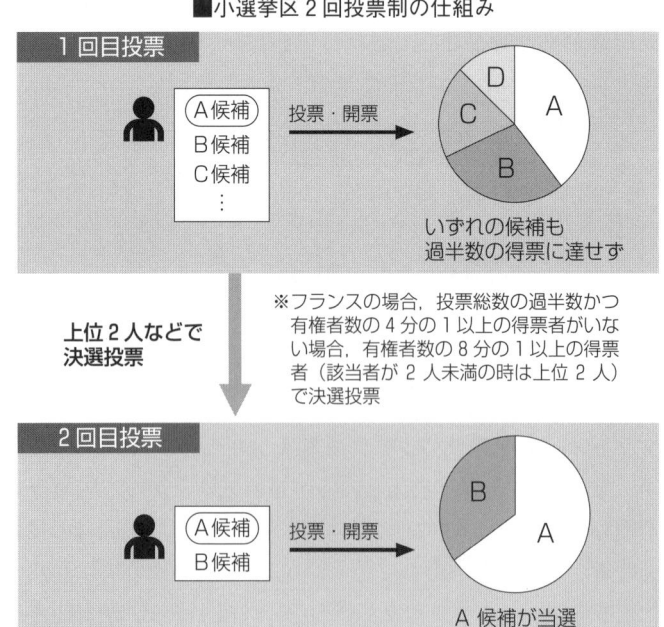

1 回目投票

A候補 / B候補 / C候補 … → 投票・開票 → いずれの候補も過半数の得票に達せず

上位 2 人などで決選投票

※フランスの場合，投票総数の過半数かつ有権者数の 4 分の 1 以上の得票者がいない場合，有権者数の 8 分の 1 以上の得票者（該当者が 2 人未満の時は上位 2 人）で決選投票

2 回目投票

A候補 / B候補 → 投票・開票 → A 候補が当選

2 小選挙区制

単純小選挙区制に比べて、幅広い民意を示すことが可能だ。

具体的に見てみよう。1回目の投票で最多得票の候補が①有効得票の過半数を獲得②有権者数の4分の1以上の得票を獲得——の二つの条件を満たせば、2回目の選挙は行われることなく、当選が決まる。条件を満たす候補者がいない選挙区は、有権者数の12.5％の得票を得た候補者（対象者が2人に満たない場合は上位2人）の間で、2回目が争われ、トップとなった候補が当選となる。

2回投票制には、選挙を通じて各党が他党との連携を模索する結果、政権発足後も協力関係が構築されやすく、政権の安定につながる効果があるとされる。2回目の投票で勝ち残った候補の陣営は、1回目より票の上積みを目指す必要があり、他の党の支持層を取り込むための多数派工作が行われることが多いためだ。

2012年6月17日に決選投票が行われた下院選では、同年5月に当選したオランド大統領の社会党が過半数を確保する大勝を果たした。しかし、第1回投票で当選を決めたのは、わずかに36人に過ぎなかった。決選投票は残る541の選挙区で行われた。

絶対多数制については、穏健勢力でないと第2回投票で勝つのが難しいため、極右など極端な主張を行う候補を排除する効果がある、との分析もある。

小選挙区絶対多数制では議席総数と同じ小選挙区を設置し、各選挙区で絶対多数（有効投票の過半数）の投票を得た候補者が出るまで繰り返す方式もあるが、議員の選出まで長期間かかる恐れもある。

フランスでは1789年のフランス革命以降、さまざまな選挙法を採用してきた。西平重喜氏の「各国の選挙——変遷と実情——」（木鐸社）によると、普通選挙が確立した1870年の第三共和制以降に実施された7割以上の選挙が小選挙区2回投票制で行われ、このほか混合制や比例代表制などが実施された。19世紀から20

第7章　各国の選挙制度

世紀の初めにかけては選挙区の7割以上が1回の投票で当選者が決まったが，2回の世界大戦の間に，6割から7割の選挙区で2度目の投票を行うようになるなど，小選挙区の投票2回が常態化した。西平氏は「社会が複雑化し，候補者が絞りきれなくなったことに加え，有権者の意識が多様化してきたことが原因と見られる」と指摘している。

2008年の憲法改正では，区割りの見直しに独立委員会が関与することになった。かつては各県に2議席以上の議席が配分されていたが，09年に違憲の判断が示されたことを受けて，人口が少ない県には1議席しか配分されないことになった。1票の格差は最大で5倍以上まで広がっていたが，この結果，2倍強にまで縮小した。各県の議席は海外領土や在外選挙区などを除く県の人口に応じて配分される。選挙区間では，各選挙区の人口は平均人口から20％以上乖離してはならないことになっている。

また，2000年に成立した法律で，選挙の候補者の男女比率をそろえるとする規定もある。

フランスの上院は，下院議員や地方議員による間接選挙で選ばれる。上院議員の多くが地方自治体の代表で，一般的な国家レベルの法律は下院が優越権を持つが，地方制度については上院が優越権を持っている。

米　国

米国も大統領制の下で，二院制を採用しているが，近年は上下両院で多数党が異なるねじれによる弊害が目立っている。

選挙制度は上下両院とも小選挙区制により争われている。ただ，州ごとの選挙制度は微妙に異なっている。下院の定数は435，議員の任期は2年だ。多くの州では1回目の得票が最上位の候補が

2 小選挙区制

当選する仕組みだが,ジョージア州では,過半数を得た候補者がいない場合,上位2人で決選投票が行われ,獲得した票が多かった候補者が当選する。

上院も小選挙区制で定数は100。議員の任期は6年で2年ごとに約3分の1ずつ改選が行われる。ジョージア州では下院と同様,過半数に届く候補者がいなければ上位2人で決選投票を行う。

下院選の区割りは,各州の人口に比例して議席数を決めた上で,州内では選挙区の人口が均等になるように区割りされる。ただ,問題となるのが,人口を均等に配分するため,自治体の境界などは考慮せず区割りを行うことから,特定の党に有利な恣意的な区割りが可能なことだ。具体的な区割りは州議会が決める例が多い。議会の多数派と知事が同じ党に属している場合,対立する政党の地盤を分断して,多数党に有利な区割りを行うことが可能だ。ゲリマンダーとして知られる,不自然な形の区割りが行われる例も絶えない。区割り案の作成を第三者機関に委ねる州も増えてきており,2010年には,アリゾナ,カリフォルニア,ハワイ,アイダホ,ニュージャージー,ワシントンの6州で第三者機関が区割り案を作成した。人種的マイノリティーに配慮した区割りが行われることもある。各州では,黒人やヒスパニックの割合に応じた

■米国の選挙制度

二院制	
上院(定数100)	下院(435)
小選挙区制	小選挙区制
各州から2人ずつ選出。下院選に合わせて3分の1が改選。法案審議は両院が対等	各州の人口に応じて議席を配分。各州は少なくとも1議席を持つ

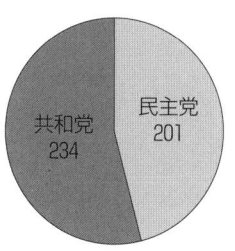

2010年下院選の結果

民主党 201
共和党 234

第7章　各国の選挙制度

議員数を選出するため，当選できるような人口構成の選挙区を作る。

米国では4年に1度の大統領選の中間の年に，連邦議会選挙や州知事選，地方議会・首長選，社会問題を巡る住民投票などを一斉に行う中間選挙が行われる。連邦議会は上院のほぼ3分の1，下院の全議席が改選される。

現在上下両院で多数派の異なるねじれが生じており，民主，共和両党の対立が深刻な影響を及ぼしている。

上院では民主55（民主系無所属含む），共和45とオバマ大統領の所属する民主党が多数派だが，下院は民主200，共和232，欠員3で共和党が過半数を握っている。

2013年には，新たな会計年度が始まる10月1日までに新年度予算が成立せず，政府の機能が一部停止する事態になった。上院は，オバマ大統領が最重要政策として推進している「医療保険制度改革（オバマケア）」を盛り込んだ暫定予算案を可決したが，下院は，上院案を認めず，オバマケアの実施を先送りする別の暫定予算案を可決した。上下両院の対立は長期化し，結局両院の妥協が成立したのは12月に入ってからだ。

この間，オバマ大統領は東南アジア歴訪やアジア太平洋経済協力会議（APEC），環太平洋経済連携協定（TPP）交渉の首脳会合への出席を見送るなど，国内の政治問題が，通商や外交にも影響する結果となった。

2014年11月に行われる中間選挙では，ねじれが解消されるかどうかが焦点だ。

㊵ オバマケア

米国のオバマ大統領が掲げる医療保険改革。国民皆保険制度がない米国では、国民の6人に1人が健康保険証を持たず、病気になっても医療（健康）保険が使えない。無保険者をなくし、国民皆保険を実現するため国民に保険加入を義務づける改革で、2010年に法律が成立した。13年10月から保険申し込みが始まったが、準備不足で手続きが大混乱に陥った。制度は14年1月からスタートした。

オーストラリア

オーストラリアの下院選は、英国下院で導入が一時検討された「小選挙区優先順位付き連記制」を採用している。

たとえば、5人の候補が立候補した場合は、次のように進む。

投票用紙には候補者の氏名が印字されており、名前の横には1から5までの優先順位を書く欄が設けられている。有権者は、支持する順位をこの欄に書き込んでいく。

1回目の開票では、優先順位が1位の候補者ごとに集計され、得票が決まる。投票の過半数を獲得する候補者がいれば、その候補が当選する。もし、過半数を獲得した候補がいなければ、得票

■オーストラリアの選挙制度

二院制	
上院（定数76）	下院（150）
単記移譲式比例代表制	小選挙区優先順位付き連記制
優先順位を付けて投票する比例代表制。当選有効得票数に達するまで、候補者の得票を再分配	法案審議は両院が対等。通例では、下院と上院は同時に選挙が行われる

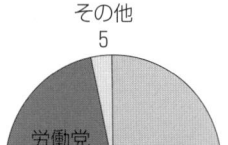

2013年下院選の結果

その他 5
労働党 55
保守連合 90

が5位だった候補の票は2と書き込まれた候補の得票として配分し直される。それでも，過半数を獲得する候補がいなければ次は4位の候補の票が2と書き込まれた候補の得票として配分される……という形で進められ，過半数を得る候補が出るまで下位候補から順番にこの集計作業を繰り返して当選を決める。

絶対多数制では，有権者は場合によって2回以上，投票所に足を運ぶことになるが，優先順位付き連記制の場合，1回の投票で絶対多数制の効果が得られることになる。ただ，その分選挙事務は複雑で，オーストラリア大使館のホームページでは，「しばしば人気の低い候補者から再配分される優先順位の票が勝敗を決している。票の再配分には何日も，時には何週間もかかることがある」と紹介している。

直近では，2013年9月に総選挙が行われ，下院（定数150，任期3年）は自由党のトニー・アボット党首が代表を務める野党・保守連合（自由党，国民党）が，ケビン・ラッド首相（当時）率いる与党・労働党を破り，6年ぶりに政権を奪還した。上院（定数76，任期6年）は約半数の40議席が改選された。

3 比例代表制

イスラエル

イスラエルの国会は，議員定数120の一院制で，拘束名簿式の比例代表制を採用している。選挙区は全国1選挙区で，有権者は政党や政党連合が事前に登録した候補者名簿に投票する。一定の

得票に達しない政党に議席を与えない阻止条項も２％と各国に比べて，小政党の議席獲得のハードルが低いのが特徴だ。

比例代表制の結果，多くの政党が議席を得るため，議会第一党が過半数を占めることができず，これまで単独で過半数を得た政党はない。小党が乱立しており，2013年１月の総選挙では，12党・会派に議席を獲得した。ネタニヤフ首相率いる与党には，右派から中道までの４党派が参加し，政権発足には２か月を要した。政権には，中東和平交渉に前向きな中道政党から，パレスチナ国家樹立に反対する強硬右派政党など，政策に開きがある政党が参加しているため，政権基盤は不安定だ。

イスラエルでは，比例代表制による小党分立の欠点を補おうと，1992年に首相公選制が導入された。首相公選制は日本でも一時期注目された。小泉内閣に設置された「首相公選制を考える懇談会」ではイスラエルの首相公選制導入の経緯として，比例代表制がもたらした弊害について，出席者が次のように説明している。

「連立の小さい会派の恫喝が日常茶飯事になり，大きな政党がそれに振り回されるというような状況が続く。大きな政党の党首達は，国益の判断とか，国策の運営などがなかなかできなくて，

■イスラエルの選挙制度

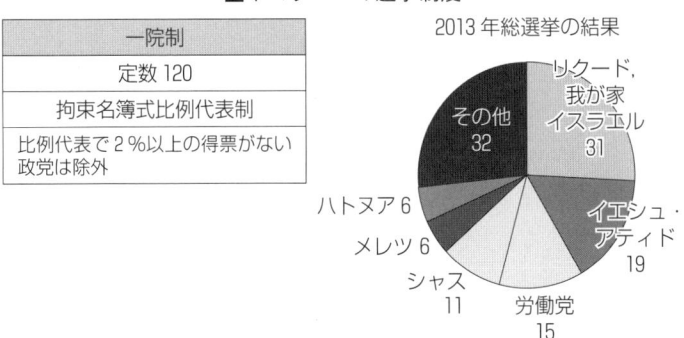

一院制
定数120
拘束名簿式比例代表制
比例代表で２％以上の得票がない政党は除外

2013年総選挙の結果

- リクード，我が家イスラエル 31
- イエシュ・アティド 19
- 労働党 15
- シャス 11
- メレツ 6
- ハトヌア 6
- その他 32

第7章　各国の選挙制度

毎日連立の維持だけに振り回されるという状況になる。その後，(2大政党の)両方が一所懸命連立を組もうとするのだが，小さい政党が色々とごねて，どうにもならなくなる。その時に出てきたのが首相公選制だった。首相により強い指導力を与え，できれば，議会において安定した2大政党制をつくれないかと考え，導入した」

しかし，首相公選制はわずか3回実施しただけで廃止されてしまった。結局，首相の指導力は高まらず，小党分立はそのまま維持されたためだ。安定した政治基盤の確立は今もイスラエルの課題となっている。

オランダ

オランダの国会は上院（定数75）と下院（定数150）の二院制で，上院には法案や条約の提出権，修正権はない。下院議員は非拘束名簿式の比例代表制で選出され，議席の配分は全国規模で行われる。上院議員は4年に1度，12ある州の議会の間接選挙で選出される。

2012年11月に発足したマルク・ルッテ首相率いる第2次政権は，首相が所属する中道右派の自由民主党（第1党）と中道左派，労働党（第2党）の2党による連立で，下院の過半数を上回る79議席を確保した。

ただ，同年9月に実施された総選挙（下院選）では，ルッテ首相は選挙戦では，労働党を「オランダの脅威」と厳しく批判していた。オランダでは現行の選挙制度が導入されて以降，どの政党も過半数を確保したことがなく，選挙後の各党間の交渉で政権の枠組みが決まることになる。このため，有権者の投票が政権選択に直結しない。

10年の総選挙でも，いずれの政党も過半数を確保できなかっ

3 比例代表制

■オランダの選挙制度

二院制	
上院（定数75）	下院（定数150）
4年に1度、12の州議会の間接選挙で選出。法案や条約の提出権、修正権がない	非拘束名簿式比例代表制

2012年下院選の結果

- 自由民主党 41
- 労働党 38
- 自由党 15
- 社会党 15
- キリスト教民主勢力 13
- 民主66 12
- その他 16

たため、与党が過半数を割り込んだ状態で連立政権を発足させた。必要な法案の成立のために、少数党の閣外協力を得ながら政権運営を続けたが、2012年4月、閣外協力していた政党が財政削減策に反対し、連立政権は崩壊した。

ベルギー

非拘束名簿式の比例代表制を採用するベルギーでは、2010年に行われた下院選（定数150）の後、連立政権協議が進まず、正式な政権の不在期間が541日間に及ぶ異例の事態となった。

2010年6月の下院選で議席を得た政党は、計12党。ベルギーでは、オランダ語を話し、人口の6割を占める北部のフラマン系（ゲルマン民族）と人口の3割を占め、フランス語を話す南部のワロン系（ラテン民族）という言語圏の違いに加え、政策の方向性でさらに分かれるため、小党の乱立が避けがたい状況となっている。この下院選では、第1党の新フランドル同盟は27議席、第2党のワロン系社会党は26議席といずれも2割に満たない議席しか得られなかった。第1党となったフラマン系の民族主義政党「新フランドル同盟」は北部の分離独立を掲げていた。これに対

第7章　各国の選挙制度

■ベルギーの選挙制度

二院制	
上院（定数71）	下院（定数150）
非拘束名簿式比例代表制。内訳は、直接公選議員40人、共同体議会指名議員21人、上院議員指名議員10人	非拘束名簿式比例代表制。大選挙区11区 得票率が有効投票総数の5％未満の政党は除外（ブリュッセル・アル・ヴィルヴォルド選挙区、ルーヴァン選挙区、ブラバン・ワロンを除く）

2010年下院選の結果
- 新フランドル同盟 27
- ワロン系社会党 26
- ワロン系改革運動 18
- キリスト教民主フランドル党 17
- フラマン系自由民主党 13
- フラマン系社会党 13
- その他 36

し、連邦維持を主張するワロン系の各党は「同盟」との連立に否定的だったことが、連立交渉が難航した理由だ。各党は、暫定政権を発足させるのと並行して連立協議を重ねたが、1年を経過しても決着しなかった。

国王アルベール2世は2011年11月、ブリュッセルの王宮にワロン系社会党党首を呼び、早急に連立交渉を妥結させるよう指示した。ギリシャに端を発した経済危機が欧州各国に広がる中、正式政権が発足しないベルギーに対して、米国の格付け会社が国債の格付けを引き下げたことも手伝って、急速に政権協議進展の機運が高まった。

2012年12月、南部フランス語圏の社会党のエリオ・ディルポ党首はブリュッセルの王宮で宣誓式に臨み、首相に就任した。政権に参加した政党は6党にのぼった。

イタリア

イタリアでは、上下両院とも拘束名簿式の比例代表制を採用している（一部選挙区では単純小選挙区制を採用）。特徴的なのは、

3 比例代表制

上下院選挙とも得票率トップの政党連合(または政党)に議席が加算される「プレミアム制」という独自の制度を導入していることだ。

具体的には、下院は全国単位で得票率トップとなった政党連合に定数の54％の議席が配分される。上院は20ある州ごとに、各州定数の55％が得票率トップの政党連合へ配分される。つまり、下院では第1党に過半数の議席確保を保障しつつ、残る議席については比例配分する仕組みだ。民意を反映させつつも、第1党に安定政権樹立を促す制度だ。ただ、上下両院の権限が同等であることや、上下両院の選挙制度の仕組みが微妙に異なることもあって、安定政権樹立は容易ではない。

プレミアム制の導入は、2005年に当時のベルルスコーニ首相に対して批判が高まっていたことから、与党の敗北を回避する狙いがあったとされる。イタリアでは戦後、比例代表制を採用していたが、頻繁な政権交代が続く中、政治の安定を図る狙いから、1993年に小選挙区比例代表並立制に制度を変更した。

2005年に選挙制度を見直した後、ベルルスコーニ氏率いる中道右派は、中道左派にわずか2万票差で敗れ、政権を失い、政権維持は果たせなかった。ベルルスコーニ氏はその後08年に再び

■イタリアの選挙制度

二院制	
上院(定数321)	下院(定数630)
非拘束名簿式 比例代表制	非拘束名簿式 比例代表制
20ある州ごとに、各州定数の55％が得票率トップの政党連合に配分される	全国単位で得票率トップとなった政党連合に定数の54％の議席が配分される

2013年下院選の結果

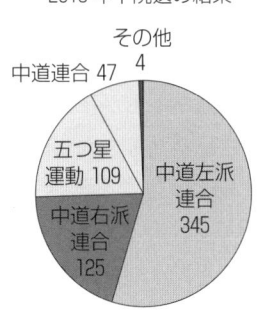

- 中道左派連合 345
- 中道右派連合 125
- 五つ星運動 109
- 中道連合 47
- その他 4

政権に復帰したが、今度は女性スキャンダルや財政危機などで国民の不満が増大し、支持率が低下、結局 11 年に退陣した。後任には経済学者で、元欧州委員のマリオ・モンティ氏が就任し、経済再建に取り組んだ。

プレミアム制の真価が問われたのは、13 年 4 月に行われた上下両院同時の総選挙だった。総選挙では、第 1 党となった中道左派が規定通り、下院で 54 ％の議席を得たが、上院選では全体で第 1 党にはなったものの、一部の州で第 1 党になれなかったため、約 4 割の議席獲得にとどまった。イタリアでは上下両院の権限が対等で、新政権発足には両院の信任が必要なため、選挙後は各党間の連立協議が続いた。

中道左派連合は、ベルスコーニ氏の中道右派との「大連立」をいったんは拒否し、政治改革を訴えて第 3 勢力に躍進したベッペ・グリッロ氏の新党「五つ星運動」との連携を呼びかけたが、失敗。各党は再選挙になる可能性もにらみ、駆け引きを続けた。中道左派では内紛まで発生し、政権発足の調整役となる大統領を選ぶための投票が 3 日間かけて 6 回も行われるなど、混乱が続いた。結局、87 歳の高齢を理由に退任する予定だったジョルジョ・ナポリターノ大統領に対し、中道左派や中道右派が続投を要請、ナポリターノ氏も応じて、ようやく決着した。しかし、中道左派を率いるピエルルイジ・ベルサーニ民主党党首が大統領選直後、党分裂の責任を取って、党首を辞任した。

首相選びはナポリターノ大統領が、中道左派のエンリコ・レッタ民主党副党首を次期首相候補に指名。レッタ氏はベルスコーニ氏らとの連携を選択し、総選挙から 2 か月余り経過した 4 月 28 日にようやく政権を発足させた。

プレミアム制は、僅かな得票差でも最多得票の党派とその他の党派で大きく議席が異なる結果をもたらす。比例代表制の基本的

な考え方である，民意を忠実に反映するものとは異なる。また，一部の州では，特定の政党の支持が固いため，第1党が上下両院で過半数を握るのは簡単ではないなど，政治の安定に必ずしもつながっていないのが現状だ。

ギリシャ

一院制のギリシャでは，非拘束名簿式を主体とした比例代表制を採用している。議会の定数は300。04年，得票率で第1党となった政党に40議席の「ボーナス議席」を優先配分する制度を導入し，08年には50議席に拡大した。第1党の政治的基盤を強める狙いがあった。ただ，皮肉にもこうした選挙制度改革の後，ギリシャ政治は混乱に陥った。

「ボーナス議席」の導入は，過去の選挙制度改革の失敗への反省がある。ギリシャでは，1974年の軍事政権崩壊以後，新民主主義党と全ギリシャ社会主義運動党による実質的な2大政党制の時代が続いた。89年に純粋な比例代表制を導入したところ，89年6月の総選挙では，第1党が過半数を得られず，連立協議にも失敗。その後，同じ年の11月と翌90年4月にも総選挙が行われ

■ギリシャの選挙制度

一院制
定数300
非拘束名簿式比例代表制
得票率で第1党となった政党に50議席の「ボーナス議席」を優先配分

2012年再選挙の結果
- 新民主主義党（ND） 129
- 急進左派連合 71
- 全ギリシャ社会主義運動党 33
- 独立ギリシャ人 20
- 黄金の夜明け 18
- 民主左派 17
- 共産党 12
- 12

る事態になり,政権が成立するまで3回も選挙が行われることになったことが背景にある。90年には選挙法が改正され,得票率が3％に満たない小政党には議席が配分されない阻止条項も設けられた。

2004年以降は新民主主義党が政権を握っていたが,2009年10月の総選挙で全ギリシャ社会主義運動党が政権を奪還すると,旧政権が財政赤字を過小に申告していたことを公表し,財政赤字額を大幅に上方修正した。この結果,ギリシャの債務返済能力を懸念する声が広まったのをきっかけに,信用不安はポルトガルやスペインなど他の欧州各国にも波及するなど経済危機が広がった。

政権は欧州連合（EU）や国際通貨基金（IMF）の支援を受けつつ,財政再建に乗り出したが,国内では政府の対応に反発して,デモやストライキが相次いで発生。全ギリシャ社会主義運動党による政権は退陣し,元ギリシャ中央銀行総裁のルーカス・パパディモス氏が首相に就任し,新民主主義党と全ギリシャ社会主義運動党などによる連立政権が誕生した。

パパディモス政権は各国からの支援を取り付けた後,2012年4月に議会解散に踏み切った。解散前,新民主主義党と全ギリシャ社会主義運動党の連立与党は合わせて3分の2の議席を占めていたが,2012年5月の総選挙では,失業の増加や国民負担の増加をもたらした与党への反発が強く,緊縮政策に反対した野党に支持が集まった。新民主主義党は第1党を保ったものの議席数はボーナス分を含めても108にとどまった。全ギリシャ社会主義運動党は第3党に転落し,連立与党は過半数割れに陥った。一方緊縮政策に反対した各党の連立交渉もまとまらず,10日余りで再選挙に踏み切る事態となった。

6月に行われた再選挙では,緊縮政策反対の政党が政権を獲得すればEU各国の支援を受けられなくなる可能性があることに危

機感が広がり，新民主主義党は議席を129に伸ばし，全ギリシャ社会主義運動党とあわせて過半数を獲得した。連立交渉の結果，民主左派を含めた連立政権が発足したのは最初の総選挙から1か月半後だった。

2013年6月，連立与党の一角を占めていた民主左派は，サマラス首相が閉鎖を決めたギリシャ国営放送ERTの再開を求めたが，首相が応じなかったため，抗議のため閣僚2人を引き揚げた。その後も財政再建のため，公務員の大幅削減を盛り込んだ法案の採決で，全ギリシャ社会主義運動党から造反が出たほか，新民主主義党からも別の法案の採決を巡って，離党者が出るなど，不安定な政権運営は続いている。

スウェーデン

北欧諸国は比例代表制を採用しているが，超党派で基本政策がまとめられるなど，安定した政治で知られる。「穏やかな多党制」と呼ばれ，政党間のイデオロギーの差が小さいのが特徴で，比較的規模の大きい保守主義政党と社会民主主義政党が，規模の小さい政党と連立して政権を担っている。

その代表格がスウェーデンだ。スウェーデンの国会は一院制で，議席数349のうち310議席は29ブロックでの拘束名簿式比例代表制で選出される。残る39議席は全国での得票率に議席数を近づけるための調整議席にしている。少数政党の乱立を避けるため，全国で4％の得票率を得るか，各選挙区で12％の得票率を得なければ，議席は獲得できない仕組みだ。

2010年に行われた総選挙では，穏健，国民党自由，中央，キリスト教民主の4党による与党連合が計172議席を獲得したが，過半数には届かなかった。一方の野党は，社民，緑，左翼の3党

第 7 章　各国の選挙制度

■**スウェーデンの選挙制度**

2010 年総選挙の結果

一院制
定数 349
310 議席が 29 の地域ブロックでの非拘束名簿式比例代表制，残る 39 議席が全国での得票率に議席を近づけるための「調整議席」
全国で 4％以上の得票か，各選挙区で 12％以上の得票を獲得できない政党は除外

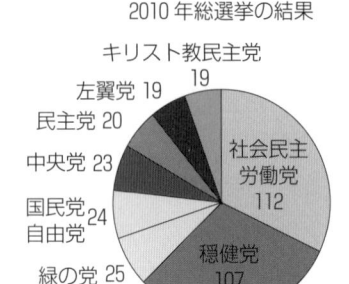

- キリスト教民主党 19
- 左翼党 19
- 民主党 20
- 中央党 23
- 国民党自由党 24
- 緑の党 25
- 社会民主労働党 112
- 穏健党 107

による野党連合が 157 議席を獲得。「反移民」を掲げる右翼政党の民主党が 20 議席を獲得し，連携すれば与党連合を上回る状況だったが，民主党が連携を拒否したため，与党連合が政権を担っている。

スウェーデンでは，例えば外交・国防問題について非同盟・武装中立・国連主義で各党の合意が形成されている。宗教問題や政治体制，教育，環境，難民受け入れなど深刻な政治課題になりかねない分野でも各政党で主張に大きな差がない。

各党間の政策に大きな違いがないのは，国会内の委員会とは別に，政府の諮問を受けて設置される調査委員会が徹底した事前調査と研究活動を行う意思決定過程にある。調査委員会は問題の性質に応じて，利益団体代表者，学識経験者，与野党議員で構成される。

調査委員会で，与野党が共通認識を持つことで，法案の大枠で一致することができる。各党とも政策の違いを強調するより，共通点を見つけようという姿勢を取っている，という。ただ，未導入の欧州共通通貨ユーロについては，穏健党は賛成，環境党は反対などの違いがあり，争点となる。

スウェーデン政治の成功事例として，日本でも注目を集めたのが年金改革だ。1984年に作業を開始した年金改革は，1991年に調査委員会が設置され，当時議会に議席を持つ7政党の代表が参加し，1994年に改革案で合意した。合意に加わったのは，7党のうち5党で，全議席に占める割合は88％に上った。その後，合意を元にした案を政府が作成，議会では圧倒的多数で採択され，新しい国民年金制度の導入が決定した。98年春には関連法が成立した。

4 混 合 型

ドイツ

2013年9月に行われたドイツ連邦議会（下院）選挙は，メルケル首相率いる政権与党のキリスト教民主・社会同盟が4割を超す得票率を挙げ，1994年以来の大勝を果たした。しかし，過半数を得られなかったことから，第2党の社会民主党などとの連立協議が行われ，政権が発足まで，約3か月かかった。

メルケル政権が社民党と大連立を行うのは，1期目の2005〜2009年以来。2005年の選挙でも，2大政党のいずれもが過半数を確保できず，両党による大連立を余儀なくされた。

ドイツは二院制を取っており，上院議員は各州政府が，州政府首相や閣僚などから任命する。

下院議員は任期4年で，小選挙区比例代表併用制が採用されている。定数は598と定められており，半数に当たる299が小選挙

第 7 章　各国の選挙制度

■ドイツの選挙制度

二院制	
上院（定数 69）	下院（基本定数 598＝小選挙区 299，比例代表 299）
間接選挙で州政府から選出。下院に比べ，権限は限定的	小選挙区比例代表併用制
	投票は 1 人 2 票制
	比例代表で 5％以上の得票か，小選挙区で 3 議席以上獲得できない政党は除外

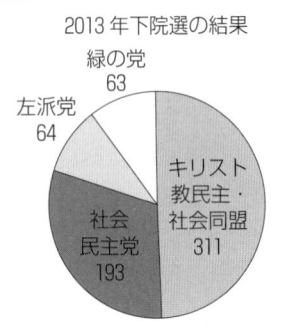

2013 年下院選の結果
- 緑の党 63
- 左派党 64
- キリスト教民主・社会同盟 311
- 社会民主党 193

区に，残り半数が比例代表から選出される。有権者は，第 1 票を小選挙区の候補者に，第 2 票を政党に投票するが，各党の議席数は基本的に，比例選の得票に従って配分されるため，比例代表制中心の制度だ。

比例選は拘束名簿式で行われる。政党の名簿は州単位で提出され，有権者は州名簿に対して投票するが，政党への議席配分は政党の州名簿への得票を合計した全国得票数に応じて配分される。ただ，小選挙区では，第 1 票の最多得票候補が当選者となる。小選挙区と比例代表の重複立候補が認められているため，比例名簿に登載された候補者のうち，小選挙区での当選者を除いた上で，名簿登載順に当選者が決まる。名簿で同一順位での登載は認められておらず，日本のように小選挙区の惜敗率により順位を決定する制度はない。

独特なのは，比例選の配分議席数を上回る小選挙区の当選者が出た政党に対し，小選挙区の議席を「超過議席」として認める制度だ。この制度により，総議席数は定数を上回ってきた。さらに，2005 年の下院選で候補者の 1 人が投票日直前に死去したことで，補充選挙が行われたが，キリスト教民主・社会同盟が一定の得票

4 混 合 型

を超えると獲得議席が減るという制度の欠陥が判明。同党は支持者に投票しないよう呼びかける異例の事態となった。その後，違憲判決が出たことを受けて，矛盾解消のため，超過議席に加え，「調整議席」という新たな制度も設けられた。新制度により議会の規模はさらに肥大化する傾向にある。

一方，小政党が乱立しないように，比例選での得票率が全国集計で5％以上の票を得るか，小選挙区で3議席以上を得た政党以外は議席を与えない「阻止条項」を設けている。ドイツでは第1次世界大戦後のワイマール共和国時代に比例選が導入されたが，小党乱立してナチスの台頭につながったとの反省から設けられた制度だ。

連立政権の交渉が難航したのは，総選挙まで連立政権の一角を占めていた自由民主党の得票率が5％に満たず，議席を失ったためだ。自由民主党は西独時代を含め，キリスト教民主・社会同盟と社会民主党に次ぐ第3党として，両党と連立政権を組みつつ，存在感を発揮してきた。しかし，2009年選挙で公約した減税を実現できなかったことや党内の混乱もあって，支持率を下げていた。ドイツでは，コール政権やシュミット政権が長期政権を築いてきた。2大政党のいずれかが自由民主党と連立政権をくむことによって，政治的な安定が実現してきた。

2013年の下院選で自由民主党が議席を失った結果，中小政党で議席を獲得できたのは，旧東独社会主義統一党（共産党）の流れをくむ左派党と，1980年代から国政に登場した緑の党のみとなった。メルケル首相は，緑の党とも連立協議を行ったが，決裂し，事実上社民党が唯一の連立協議のパートナーとなった。キリスト教民主・社会同盟が社民党が求める全国一律の最低賃金制度の導入などを受け入れたことで，社民党は大連立政権の樹立に合意した。しかし，政権参加の是非を問うて社民党が12月に行っ

第7章 各国の選挙制度

た党員投票次第では、合意がほごになる恐れもあり、再選挙の可能性もささやかれていた。

韓　国

韓国は大統領制で、議会は一院制をとっているが、日本の衆院と同様に小選挙区比例代表並立制を採用している。定数は300で、内訳は小選挙区246、全国1ブロックの比例選で54。1票を小選挙区候補者に投票し、もう1票を政党名簿に投票する。

比例選は、拘束名簿式比例代表制を採用しており、政党名簿の得票に従って各政党に議席を配分し、あらかじめ政党が定めた名簿順位に従い、上位から配分議席分の候補者が当選する仕組みだ。

小政党の乱立を防ぐため、政党名簿への投票の得票率が有効投票総数の3％未満、小選挙区での当選者数が5人未満のどちらの条件にも当てはまった政党には、比例選で議席配分しない阻止条項がある。

2012年12月の選挙でセヌリ党の朴槿恵（パク・クネ）氏が、最大野党・民主統合党（2013年5月に党名を「民主党」に変更）の文在寅（ムンジェイン）氏との接戦を制し、韓国初の女性大統領

■韓国の選挙制度

一院制
定数300 （小選挙区246、比例代表54）
小選挙区比例代表並立制
投票は1人2票制
政党名簿への投票の得票率が有効投票総数の3％未満かつ小選挙区での当選者数が5人未満の政党には、比例選で議席配分しない

2012年総選挙の結果

- セヌリ党 152
- 民主統合党 127
- 統合進歩党 13
- 自由先進党 5
- その他 3

になった。議会ではセヌリ党が154議席で過半数を占めている。野党の民主党は127議席で，2大政党が競い合っている。

Column 14

◀女性国会議員の増加進まず▶

列国議会同盟の2012年調査報告書によると，世界の国会での女性比率が2割を超えた。安倍首相は成長戦略の柱の一つに「女性の活躍」を位置づけているが，日本では，12年12月の衆院選での女性議員の比率は，7・9％にとどまる。政治分野での日本の女性の進出は各国に比べ，遅れている。

女性議員が増えている国では，女性の政治参加の拡大に向けたポジティブ・アクションの存在がある。その手法の一つが国会議員候補などについて一定割合を女性に割り当てるクオータ制という男女格差是正措置だ。

例えば，国会議員に占める女性割合が4割を超えるスウェーデンでは，多くの政党が議会に男女が均等な割合で参加することを目標に掲げている。拘束名簿式の比例代表制を採用するスウェーデンでは，社会民主党が候補者名簿を男女交互とするジッパー制を導入したほか，左翼党も候補者名簿のうち最低50％を女性とするなど，クオータ制の導入が進んでいる。

フランスでは2000年，小選挙区制の下院では候補者を男女同数にするとし，比例代表制の上院では候補者名簿の登載順を男女交互とすると定めた法律が成立した。前年，憲法の規定に男女の政治参画平等を促進する条文が追加されたことを受けたものだ。下院では，候補者の男女比率の差が2％を超えた政党に対して助成金を減額する措置が取られる。

日本と同様に小選挙区比例代表並立制を採用する韓国では，公職選挙法で，政党に対して小選挙区の候補者の30％を女性とする努力義務が課されている。小選挙区の女性候補者の比率に応じて，補助金が支給される。

また，ルワンダでは，あらゆる意思決定機関で少なくとも30％を女性にすると憲法に規定している。08年の総選挙の結果，国会議員の女性比率は56・3％になった。

第7章　各国の選挙制度

Column 15

◀投票しなければ罰金▶

　日本の国政選挙での投票率は，2012年12月の衆院選で59・32％，13年7月の参院選では52・61％だった。もし，投票に行かなければ罰則が科されるとなれば，この投票率はどこまで上がるだろうか。

　世界には，投票を義務化し，正当な理由なく，投票に行かなかった場合に罰金などを科す国がある。その先駆けがオーストラリアだ。海外滞在などで免除される場合を除き，投票に行かないと最高約5000円の罰金が科される。

　オーストラリアの義務投票制は1925年の連邦選挙から実施している。当初は義務投票制の適用範囲を「投票所から5マイル以内に居住する有権者に限定」していたが，1924年にすべての選挙と国民投票に義務投票制を導入する法案が国民党によって提案された。

　当時，野党の労働党もかねて義務投票制を党の政策として掲げてきたことから，世界初の義務投票による選挙が実現した。

　罰金を導入したことにより，投票率は格段に上がった。制度が導入される直前の1922年の連邦選挙では，上院で57・95％，下院で59・38％だった投票率が，1925年には上院91・31％，下院91・38％と跳ね上がった。"罰金効果"がてきめんに出た形だ。その後も投票率は90％以上を保っている。

　オーストラリア以外にも，シンガポールやベルギー，アルゼンチンなどでも義務投票制が採用されている。軒並み投票率は高い。

　だが，単に投票率が上がれば良いというものでもない。誰もが投票に行くようになると，人気投票の要素が強まり，候補者が有権者に聞こえの良い政策ばかりを訴える大衆迎合に走る可能性もある。

■ 参 考 文 献 ■

【書籍・雑誌・新聞】

堀江湛『政治改革と選挙制度』(芦書房, 1993年)
石川真澄, 鷲野忠雄, 渡辺治, 水島朝穂『日本の政治はどうかわる 小選挙区比例代表制』(労働旬報社, 1991年)
村松岐夫, 伊藤光利, 辻中豊『日本の政治』(有斐閣, 1992年)
大石眞『議会法』(有斐閣, 2001年)
野中尚人『自民党政治の終わり』(筑摩書房, 2008年)
野中尚人『さらばガラパゴス政治 決められる日本に作り直す』(日本経済新聞出版社, 2013年)
草野厚『政権交代の法則──派閥の正体とその変遷』(角川書店, 2008年)
伊藤惇夫『民主党 野望と野合のメカニズム』(新潮社, 2008年)
選挙制度研究委員会『図解 選挙制度のしくみ』(ナツメ社, 1999年)
小堀眞裕『国会改造論 憲法・選挙制度・ねじれ』(文藝春秋, 2013年)
大山礼子『日本の国会──審議する立法府へ』(岩波書店, 2011年)
参議院五十年のあゆみ編集委員会『参議五十年のあゆみ』(参議院, 1997年)
竹中治堅『参議院とは何か』(中央公論新社, 2010年)
佐々木毅編著『政治改革1800日の真実』(講談社, 1999年)
杣正夫『日本選挙制度史 普通選挙法から公職選挙法まで』(九州大学出版会, 1986年)
田中宗孝『政治改革六年の道程』(ぎょうせい, 1997年)
西平重喜『各国の選挙──変遷と実情──』(木鐸社, 2003年)
立山良司編著『イスラエルを知るための60章』(明石書店, 2012年)
岡沢憲芙『スウェーデンの政治 実験国家の合意形成型政治』(東京大学出版会, 2009年)
『Voters 5号』(明るい選挙推進協会, 2012年)
『私たちの広場 291号』(明るい選挙推進協会, 2006年)
衆議院調査局第二特別調査室『選挙制度関係資料集(平成25年版)』(2013年)
読売新聞
朝日新聞

【論　　文】

長谷部恭男『1人別枠方式の非合理性──平成23年3月23日大法廷判決について』(ジュリスト No.1428, 2011年)
長谷部恭男『選挙制度をめぐる諸課題』(論究ジュリスト5号, 2013年)
榎透『一人別枠方式と選挙区割規定の合憲性』(法学セミナー No.679, 2011年)

参 考 文 献

岡田信弘『2011年（平成23）年最高裁大法廷判決の憲法学的研究——「法」と「政治」の接点で考える』（選挙研究28巻2号，2012年）
大竹昭裕『衆議院選挙区割りと投票価値の平等』（青森法政論叢12号，2011年）
内藤光博『議員定数不均衡と改正の合理的期間』（別冊ジュリストNo.187「憲法判例百選Ⅱ第5版」，2007年）
安西文雄『一人別枠方式の合理性』（別冊ジュリストNo.218「憲法判例百選Ⅱ第6版」，2013年）
田中嘉彦『シリーズ憲法の論点⑥二院制』（国立国会図書館調査及び立法考査局 2005年）
松山治郎『選挙制度と政治情勢——とくに区制・投票制を中心として——』（法学論集6，1969年）
佐藤令『諸外国の選挙制度——類型・具体例・制度一覧——』（調査と情報，2011年）
佐藤令『諸外国における選挙区割りの見直し』（調査と情報，2013年）
三輪和宏『諸外国の下院の選挙制度』（レファレンス，2006年）
河島太朗・渡辺富久子『外国の立法【ドイツ】連邦選挙法第22次改正』（外国の立法，2013年）
山口和人『ドイツの選挙制度改革——小選挙区比例代表併用制のゆくえ——』（レファレンス，2012年）
芦田淳『外国の立法 イタリアの選挙制度改革』（外国の立法，2006年）
芦田淳『外国の立法【イタリア】2013年総選挙の結果と選挙法の課題』（外国の立法，2013年）
安田隆子『ニュージーランドの選挙制度に関する2011年国民投票』（レファレンス，2012年）
『男女共同参画白書』（内閣府，2011年）

【ホームページ】
国会会議録検索システム
参議院「参議院改革の歩み」
21世紀臨調「政治改革の軌跡」
黒田記念館「黒田清輝詳細年譜」
山本有三ふるさと記念館「山本有三の生涯」
調布市武者小路実篤記念館「武者小路実篤詳細年譜」
外務省
ドイツ大使館
オーストラリア大使館

〈著者紹介〉

読売新聞政治部（よみうりしんぶんせいじぶ）

　部員は約60人。首相官邸，国会，各政党，外務，防衛などの各省をカバーしている。政局や国会審議，政策決定の動向を取材し，選挙報道で民意の行方を探る。

〈現代選書26〉

基礎からわかる選挙制度改革

2014(平成26)年4月25日　第1版第1刷発行
3401-5：012-020-002-1800e

Ⓒ編著者　読 売 新 聞 政 治 部
発行者　今井 貴・稲葉文子
発行所　株式会社 信 山 社
〒113-0033　東京都文京区本郷6-2-9-102
Tel 03-3818-1019　Fax 03-3818-0344
笠間来栖支店　〒309-1625　茨城県笠間市来栖2345-1
Tel 0296-71-0215　Fax 0296-72-5410
笠間才木支店　〒309-1600　茨城県笠間市笠間515-3
Tel 0296-71-9081　Fax 0296-71-9082
出版契約　2014-04-3401-5-01011
Printed in Japan, 2014.

印刷・ワイズ書籍(本文・付物)　製本・渋谷文泉閣 p.240
ISBN978-4-7972-3401-5 C3331 ¥1800E 分類323.400-e025
3401-01011：012-020-002《禁無断複写》

JCOPY 〈(社)出版者著作権管理機構 委託出版物〉
本書の無断複写は著作権法上での例外を除き禁じられています。複写される場合は，
そのつど事前に，(社)出版者著作権管理機構(電話03-3513-6969，FAX03-3513-6979，
e-mail: info@jcopy.or.jp)の許諾を得てください。

「現代選書」刊行にあたって

　物量に溢れる，豊かな時代を謳歌する私たちは，変革の時代にあって，自らの姿を客観的に捉えているだろうか。歴史上，私たちはどのような時代に生まれ，「現代」をいかに生きているのか，なぜ私たちは生きるのか。

　「尽く書を信ずれば書なきに如かず」という言葉があります。有史以来の偉大な発明の一つであろうインターネットを主軸に，急激に進むグローバル化の渦中で，溢れる情報の中に単なる形骸以上の価値を見出すため，皮肉なことに，私たちにはこれまでになく高い個々人の思考力・判断力が必要とされているのではないでしょうか。と同時に，他者や集団それぞれに，多様な価値を認め，共に歩んでいく姿勢が求められているのではないでしょうか。

　自然科学，人文科学，社会科学など，それぞれが多様な，それぞれの言説を持つ世界で，その総体をとらえようとすれば，情報の発する側，受け取る側に個人的，集団的な要素が媒介せざるを得ないのは自然なことでしょう。ただ，大切なことは，新しい問題に拙速に結論を出すのではなく，広い視野，高い視点と深い思考力や判断力を持って考えることではないでしょうか。

　本「現代選書」は，日本のみならず，世界のよりよい将来を探り寄せ，次世代の繁栄を支えていくための礎石となりたいと思います。複雑で混沌とした時代に，確かな学問的設計図を描く一助として，分野や世代の固陋にとらわれない，共通の知識の土壌を提供することを目的としています。読者の皆様が，共通の土壌の上で，深い考察をなし，高い教養を育み，確固たる価値を見い出されることを真に願っています。

　伝統と革新の両極が一つに止揚される瞬間，そして，それを追い求める営為。それこそが，「現代」に生きる人間性に由来する価値であり，本選書の意義でもあると考えています。

2008年12月5日　　　　　　　　　　　　　　　信山社編集部

◇ 好評の入門シリーズ ブリッジブック ◇

法学入門〔第2版〕	南野森 編	2,300円
先端法学入門	土田道夫・高橋則夫・後藤巻則 編	2,100円
法哲学〔第2版〕	長谷川晃・角田猛之 編	2,300円
憲法	横田耕一・高見勝利 編	2,000円
行政法〔第2版〕	宇賀克也 編	2,500円
先端民法入門〔第3版〕	山野目章夫 編	2,500円
刑法の基礎知識	町野朔・丸山雅夫・山本輝之 編著	2,600円
刑法の考え方〔第2版〕	高橋則夫 編	2,200円
商法	永井和之 編	2,100円
裁判法〔第2版〕	小島武司 編	2,800円
民事訴訟法〔第2版〕	井上治典 編	2,500円
民事訴訟法入門	山本和彦 著	2,600円
刑事裁判法	椎橋隆幸 編	2,000円
国際法〔第2版〕	植木俊哉 編	2,500円
国際人権法	芹田健太郎・薬師寺公夫・坂元茂樹 著	2,500円
医事法	甲斐克則 編	2,100円
法システム入門〔第2版〕	宮澤節生・武蔵勝宏・上石圭一・大塚浩 著	2,700円
近代日本司法制度史	新井勉・蕪山嚴・小柳春一郎 著	2,900円
社会学	玉野和志 編	2,300円
日本の政策構想	寺岡寛 著	2,200円
日本の外交	井上寿一 著	2,000円

信山社

価格は税別

浅野一郎・杉原泰雄 監修
浅野善治・岩﨑隆二・植村勝慶・浦田一郎・川﨑政司・只野雅人 編集
憲法答弁集［1947〜1999］

浦田一郎・只野雅人 編
議会の役割と憲法原理

浦田一郎 編　内閣法制局資料と解説
政府の憲法九条解釈

棟居快行 著
憲法学の可能性

◆**ヨーロッパ人権裁判所の判例**
戸波江二・北村泰三・建石真公子・小畑郁・江島晶子 編集代表
◆**ドイツの憲法判例**〔第2版〕
ドイツ憲法判例研究会 編　栗城壽夫・戸波江二・根森健 編集代表
◆**ドイツの憲法判例II**〔第2版〕
ドイツ憲法判例研究会 編　栗城壽夫・戸波江二・石村修 編集代表
◆**ドイツの憲法判例III**
ドイツ憲法判例研究会 編　栗城壽夫・戸波江二・嶋崎健太郎 編集代表
◆**フランスの憲法判例**
フランス憲法判例研究会 編　辻村みよ子 編集代表
◆**フランスの憲法判例II**
フランス憲法判例研究会 編　辻村みよ子 編集代表

信山社

芦部信喜・高橋和之・髙見勝利・日比野勤 編著

日本立法資料全集

日本国憲法制定資料全集

大石 眞 編著

議院法［明治22年］

わが国議会制度成立史の定本資料集

昭和54年3月衆議院事務局 編

逐条国会法

〈全7巻〔＋補巻（追録）［平成21年12月編］〕〉

◇ 刊行に寄せて ◇
　　鬼塚 誠　（衆議院事務総長）
◇ 事務局の衡量過程Épiphanie ◇
　　赤坂幸一

◆法律学講座

国会法　白井 誠 著
（元衆議院事務局議事部長）

実践国際法　小松一郎 著
（内閣法制局長官）

❖ 各著者に直接インタビューした貴重な記録 ❖

赤坂幸一・奈良岡聰智 編著

◆◆◆ オーラル・ヒストリー ◆◆◆

国会運営の裏方たち
衆議院事務局の戦後史
今野彧男 著

立法過程と議事運営
衆議院事務局の三十五年
近藤誠治 著

議会政治と55年体制
衆議院事務総長の回想
谷 福丸 著　最新刊

信山社

現代選書

森井裕一 著	現代ドイツの外交と政治
	2,000 円
三井康壽 著	大地震から都市をまもる
	1,800 円
三井康壽 著	首都直下大地震から会社をまもる
	2,000 円
林 陽子 編	女性差別撤廃条約と私たち
	1,800 円
黒澤 満 著	核軍縮入門
	1,800 円
森本正崇 著	武器輸出三原則入門
	1,800 円
高 翔龍 著	韓国社会と法
	2,800 円
加納雄大 著	環境外交
	2,800 円
初川 満 編	国際テロリズム入門
	2,000 円
初川 満 編	緊急事態の法的コントロール
	2,000 円
森宏一郎 著	人にやさしい医療の経済学
	2,000 円
石崎 浩 著	年金改革の基礎知識
	2,000 円

本体価格(税別)

信山社